KB067583

세상은 문밖에 있다

세상은 문밖에 있다

초판 1쇄 발행 | 2015년 9월 25일
초판 5쇄 발행 | 2023년 5월 30일

지은이 | 이장우, 이지용
펴낸이 | 이성수
주간 | 김미성
편집장 | 황영선
편집 | 이경은, 이홍우, 이효주
삽화 | 염예슬, 이장우
사진 | 이장우
마케팅 | 김현관
제작 | 김주범

펴낸곳 | 올림
주소 | 07983 서울시 양천구 목동서로 77 현대월드타워 1719호
등록 | 2000년 3월 30일 제300-2000-192호(구 : 제20-183호)
전화 | 02-720-3131
팩스 | 02-720-3191
이메일 | pom4u@naver.com
홈페이지 | http://cafe.naver.com/ollimbooks

ISBN | 978-89-93027-75-4 03320

※ 이 책은 올림이 저작권자와의 계약에 따라 발행한 것이므로
   본사의 허락 없이는 어떠한 형태나 수단으로도 이 책의 내용을 이용하지 못합니다.
※ 잘못된 책은 구입하신 서점에서 바꿔 드립니다.

책값은 뒤표지에 있습니다

인생의 답을 발견하는 REAL 여행

세상은
문밖에
있다

이장우 · 이지용 지음

안 되는 이유 100가지가 있어도
되는 이유 하나가 있다면 그것을 하라!

'되는 이유' 한 가지만 있다면

사람들은 '질문'이라고 하면 두려움부터 느낍니다. 이는 질문을 받는 사람이나 하는 사람 모두가 느끼는 감정입니다. 질문에는 정답이 있어야 한다고 생각하는 고정관념 때문입니다. 그래서 질문을 받는 사람은 정답을 말하지 못할까 걱정하고, 질문하는 사람은 혹시 자신의 무지가 드러나지 않을까 걱정합니다. 결국 이런 걱정이 질문에 대한 두려움으로 변모하게 되는 것입니다.

하지만 오늘날에는 하나의 정답만 있는 것이 아닙니다. 변화가 빠르고 연결이 실시간으로 이루어지기 때문입니다. 또한 과거와 달리 성공이란 것이 금전적인 풍족함만을 의미하지 않습니다. 인생이나 성공에 대한 다양한 정답들이 공존하는 시대입니다. 따라서 누가 누구에게 이것이 정답이라며 이대로 살아보라고 이야기하기가 쉽지 않습니다.

그럼에도 불구하고 많은 젊은이들이 저에게 수없이 던지는 질문이 있습니다. '어떻게 해야 지금 사회에서 성공할 수 있는가' 하는 것입니다. 저는 이런 질문을 받을 때마다 안타까운 마음이 듭니다. 어려운 세상이지만 어떻게든 잘살아보려고 하는 모습이 그렇고, 정해진 답이 없는데도 정답이 있으리라 기대하는 심리가 그렇기 때문입니다. 비단 젊은이들만 그런 것이 아닙니다. 노소를 불문하고 성공의 답을 찾고 싶어 합니다. 불확실성의 시대를 살아가는 이들의 자화상입니다.

저는 사람들이 찾아올 때마다 최대한 그들의 이야기를 들어주고 그에 맞는 대답을 해주려고 노력합니다. 정답이 될 수는 없겠지만 그들이 찾으려는 답에 도움이 될 수 있는 이야기를 들려줍니다. 이지용 씨도 그렇게 저를 찾아온 사람들 중 한 사람이었습니다. 어느 날 그가 인터뷰하고 싶다며 저에게 연락을 해왔고, 저는 평범한 직장인으로서 또다른 열정을 가지고 있는 그를 만나보고 싶었습니다. 그렇게 만나 인터뷰를 하고 얼마 후, 정성스레 쓴 편지와 함께 멋진 앨범이 도착했습니다. 앨범은 그가 저와의 인터뷰 내용을 바탕으로 새롭게 구성한 잡지였습니다. 저의 사진과 이야기들로 꾸며진 그 앨범을 보고 저는 깊은 감동을 받았습니다. 앨범을 만든 그의 열정에 감탄했고, 저의 이야기에 힘을 얻었다는 그의 말에 감동했습니다. 이 일을 인연으로 우리는 함께 책을 쓰는 공저자가 되었습니다.

저는 젊은 시절 경쟁적이고 치열한 시간을 보냈습니다. 3M 수세미 세일즈맨으로 시작해서 3M에서 분사된 이메이션코리아 사장을 거쳐 미국 본사의 글로벌 브랜드 총괄대표가 되기까지 30여 년을 쉴 새 없이 달렸습니다. 성공만 있었던 것이 아닙니다. 남들처럼 실패도 맛보았고, 좌절감에 빠져 모든 일을 그만두고 싶을 때도 있었습니다. 하지만 그 모든 과정들은 제가 저만의 인생의 답을 찾아가는 데 필수적인 절차였습니다. 그 속에서 저는 방법을 알아가고 교훈을 깨우치며 조금씩 성장할 수 있었습니다.

지나온 시간들을 돌이켜 생각하면 경험보다 더 좋은 스승은 없는 것 같습니다. 사람들과의 경쟁이나 갈등, 갑자기 찾아오는 위기의 순간, 뼈아픈 실패가 모두 값진 경험입니다. 사람은 이런 경험들을 통해 배우고 성숙해집니다. 그래서 저는 항상 경험을 강조합니다. 할 수 있는 한 경험을 많이 해보라고 말합니다. 하지만 모든 경험을 다 해볼 수 없기에 우리는 스승으로 삼을 만한 누군가를 찾거나 책을 읽습니다. 간접경험을 통해 혜안을 얻으려는 것이지요.

　이 책에는 저의 개인적인 이야기들이 많이 있습니다. 'Idea Doctor(아이디어닥터)'라는 퍼스널브랜드로 활동해온 저에게 이런저런 경로를 통해 저의 '진정한' 스토리를 듣고 싶다는 요청을 하는 분들이 많았기 때문입니다. 그도 그럴 것이 저는 강의나 인터뷰에서 제가 살아온 개인적 이야기는 거의 하지 않았습니다. 저에게는 정답이었을지 모르는 방법들이 다른 사람에게는 아닐 수도 있다는 생각에서였습니다. 그런데 이번에 이지용 씨와의 공동 작업을 통해 저의 이야기를 꺼낼 수 있게 되어 다행으로 생각합니다. 저 자신을 다시 돌아보는 계기가 되었을 뿐 아니라 저에게 관심을 보내준 분들에게도 못 다한 보답을 조금이나마 하게 된 것 같습니다.

　사람들이 갖고 있는 흔한 오해가 있습니다. 퍼스널브랜드는 '나' 자체를 브랜드화하는 것이라는 생각입니다. 하지만 이는 잘못된 생각입니다. '나'가 아니라 나의 '본질(REAL : '실제의, 진짜의'라는 뜻인데, 이 책에서는 '본질'이라는 의미로 사용함)'을 브랜드화하는 것이 퍼스널브랜드입니다. 저의 경우라면 '이장우'가 아니라 '아이디어닥터'가 저의 본질입니다. 여기에 모든 활동의 초점을 맞추어 진행해나갑니다. 강의를 할 때도, 인터뷰를 할 때도, 비즈니스 코칭을 할 때도 아이디어닥터를 내세웁니다. 커피, 소셜미디어, 맥주, 브랜드, 마케팅 등 서로 다른 주제를 다룰 때에도 아이디어닥터로서의 저의 본질은 일관되게 견지합니다.

저는 저 자신뿐만 아니라 사람들에게 REAL을 강조합니다. 직접적인 경험을 바탕으로 자신의 REAL을 발견하고, 생활화하고, 창조하고, 공유하는 데 모든 초점을 맞춥니다. 그만큼 우리 삶에 중요하기 때문입니다. 저 역시 저의 본질이 무엇인지를 찾고 나서 삶을 바라보는 시각이 바뀌고, 눈앞의 성공이나 목표 달성에서 벗어나 보다 실질적인 성공에 가까운 삶을 살게 되었습니다.

지금까지 얼마큼 성장했는지는 중요하지 않습니다. 앞으로 얼마큼 성장할 수 있는지가 중요합니다. 그러기 위해서는 자신의 본질을 알아야 합니다. 자신의 잠재력과 꿈을 자신의 본질로 만들어야 합니다. 현실을 고려할 때 쉽지 않은 과정입니다. 하지만 '안 되는 이유 100가지가 있어도 되는 이유 한 가지만 있으면' 할 수 있습니다.

이 책을 읽고 자신의 본질을 찾기 위해 문밖의 세상으로 나설 수 있기를 바랍니다. 우리가 살고 있는 현재와 꿈꾸는 미래는 모두 문밖에 있습니다. 문이란 열고 나섰을 때 비로소 의미를 갖습니다. 이 책이 세상을 향한 문을 열 수 있는 용기가 되고, 안 되는 이유 100가지를 넘어 되는 이유 하나를 만드는 기회로 작용하기를 진심으로 바랍니다. 특히 어려운 오늘을 살아가는 청춘에게 힘이 되고, 자신만의 답을 얻는 데 도움이 되었으면 합니다. 그래서 '내가 문을 열어 지금껏 묻어둔 이야기를 꺼내기를 잘했구나' 하는 생각이 든다면 정말 좋겠습니다.

세상은 언제나 문밖에 있습니다. 그리고 그 문을 열 수 있는 것은 당신뿐입니다.

이장우

차 례

여행을 시작하며 ·· *004*

'되는 이유' 한 가지만 있다면

REAL은 무엇인가 ·· *046*

PART 1   ## 내 인생의 본질을 찾아서
  ### - REAL을 발견하는 여행

수세미 영업사원 이장우의 분투 ·· *022*

나는 통제 불능 말단사원이었다 ·· *023*
영업하면서 가장 견디기 힘들었던 2가지 ·· *026*
나를 판매왕으로 만들어준 생각 ·· *029*

입사 10년 차, 글로벌 기업의 CEO가 되다 ·· *034*

'공부'를 외친 CEO ·· *035*
독서의 목적은 읽기가 아니다 ·· *037*
아무도 모르는 CEO의 내면 풍경 ·· *039*
이장우 박사의 life tip "위기를 극복하는 힘" ·· *043*

1인 기업의 길을 가다 ·· *045*

1인 기업을 선택한 이유 ·· *046*
1인 기업의 경쟁력은 어디에서 오는가 ·· *050*
이장우 박사의 life tip "자신의 길을 가라!" ·· *055*

갈등의 인간관계에서 얻은 깨달음 ·· 057

적대적 관계를 우호적 관계로 바꾸다 ·· 058
사람을 힘들게 하는 것 ·· 060

무엇이 인생을 결정하는가 ·· 064

져야 할 때와 이겨야 할 때 ·· 065
영향력 중에서 가장 강한 것은? ·· 068

PART 2   내일을 꿈꾸는가, 오늘을 살아가는가
         - REAL하게 사는 여행

여행주의자에게 여행이란? ·· 078

여행의 처음, 중간, 그리고 끝 ·· 079
내가 사랑한 여행지 TOP 5 ·· 082
언제 가도 좋은 곳들 ·· 090
북한의 추억 ·· 095
진정한 여행은 마음속에 입금된다 ·· 098

당신은 브랜드? ·· 104

퍼스널브랜드의 절대 조건 ·· 104
자기성장의 황금 열쇠 ·· 107
자기계발에 실패했다? ·· 108
이장우 박사의 life tip "변화를 즐겨라!" ·· 114

책이 인간을 만들 때 ·· 117

읽기와 더불어 반드시 해야 할 것 ·· 117
가치 있는 책은 무엇이 다를까 ·· 119
책에 대한 시각이 180도 달라지는 순간 ·· 121
인생의 로망을 발견하다 ·· 123
아이디어가 필요한 당신에게 잡지를 권함 ·· 125
만화는 인간의 '그것'을 자극한다 ·· 126

왜, 어떻게 공부하는가 ·· 129

공부를 지속하게 만드는 힘 ·· 130
잘 노는 사람이 공부도 잘한다 ·· 131
지식과 지혜의 상관관계 ·· 133

삶을 힘들게 하는 '부정'에 대처하는 법 ·· 137

단점은 문제가 아닌 인간의 권리 ·· 138
집착하지 말고 요청하라 ·· 141
성공한 사람이 부러워하는 사람 ·· 145
슬럼프와 콤플렉스를 이기는 법 ·· 147
좋은 배경을 넘어서려면 ·· 151

PART 3   아이디어는 동사다
         – REAL을 창조하는 여행

아이디어 라이프 ·· 160
아이디어는 어디에 있을까 ·· 161
아이디어를 현실로 만드는 몇 가지 방법 ·· 164
이장우 박사의 life tip '생각의 차이는 각도의 차이' ·· 168

아이디어닥터의 아이디어 여행 ·· 171
치즈 아이디어 탐방 ·· 171
맥주 아이디어 탐방 ·· 174
아이디어 탐방 노하우 ·· 177

꿈, 아이디어, 그리고 인생 ·· 181
꿈은 꾸는 것이 아니라 사는 것이다 ·· 182
당신의 '버킷 리스트'는 뭔가요? ·· 184
인생을 움직이는 '이상' ·· 188
꿈과 돈의 딜레마에 관하여 ·· 189
이장우 박사의 life tip "당신의 꿈은 어디로 갔나요?" ·· 191

미래는 발견이다 ·· 193
미래인은 민첩하게 적응한다 ·· 193
어떤 사람이 미래를 발견할까 ·· 196

PART 4 　우리는 연결되어 있다
– Real로 함께하는 여행

공감 시대의 공감 코드 ·· 201

내면의 동안이 위인을 만든다 ·· 202

교감하는 사람은 언어가 다르다? ·· 205

SNS 리더의 고백 ·· 210

30만 명의 친구들과 소통하다 ·· 211

사람을 이용하는 사람들 ·· 214

스마트폰 중독, 어떻게 해야 할까 ·· 217

이장우 박사의 life tip "SNS는 퍼스널브랜드의 핵심 플랫폼" ·· 220

REAL과의 소통 '토크 시리즈' ·· 223

꿈을 응원하는 '드림토크(Dream Talk)' ·· 224

영감의 끌림 '커피토크(Coffee Talk)' ·· 230

무한 매력 '치즈토크(Cheese Talk)' ·· 233

맥주의 참맛을 알게 해주는 '비어토크(Beer Talk)' ·· 236

선택받는 사람에게는 '이것'이 있다 ·· 241

이장우 박사의 마음을 움직인 '정성' ·· 242

성공한 사람들은 누구를 선택할까 ·· 243

우리 시대가 원하는 인재의 5가지 조건 ·· 247

언어가 통하는가 ·· 248
기획력이 있는가 ·· 249
스토리가 있는가 ·· 250
창의력이 있는가 ·· 252
스펙을 갖추었는가 ·· 256
이장우 박사의 life tip "스펙을 넘어서는 '참공부'를 하라!" ·· 259

시작도 성취도 작은 것부터 ·· 261

어려운 시기를 보내는 당신에게 ·· 262
보이는 길만 고집하는 당신에게 ·· 264
인생이 보이기 시작할 때는 언제인가 ·· 266
이장우 박사의 life tip '세상에서 가장 아름다운 말' ·· 269

여행을 끝내며 ·· 270
행운은 경험한 자에게 미소 짓는다

REAL은 무엇인가

　일본과 중국의 일부 지역에서 자라는 희귀종인 '모죽'(모소대나무)은 4년 동안 3cm밖에 자라지 못합니다. 그런데 5년째 되는 순간부터 하루에 15cm씩 폭발적으로 성장합니다. 4년 동안 자라는 키의 5배를 불과 하루 만에 키우는 것입니다. 그리고 6주 후에 최대 15m까지 성장합니다. 어떻게 이것이 가능할까요? 눈에 보이지는 않지만 모죽은 4년 동안 수백 m²의 땅속에 자신의 뿌리를 뻗어가고 있었던 것입니다. 바로 성장의 원동력을 구축했던 것입니다. 이것이 진정한 REAL(리얼)입니다.

　REAL은 본질입니다. 모든 생명체는 본질에 충실해야 잎을 내고 꽃을 피울 수 있습니다. 그런데 사람들은 최대한 빠른 시간에 스타가 되려고 합니다. 뿌리를 뻗지도 않은 채 하루빨리 꽃만 피우려고 듭니다. 꽃은 뿌리가 피운다는 사실을 망각한 채 말입니다. 어쩌다 꽃을 피우더라도 뿌리를 튼튼히 하는 것을 게을리하고 오로지 꽃만 가꾸려고 합니다. 외양에만 신경을 쓰며 REAL을 찾는 노력을 하지 않고 살아갑니다.

예전에는 그래도 괜찮았습니다. 세상의 변화가 빠르지 않아 굳이 REAL을 필요로 하지 않았습니다. 대세에 맞게 천천히 움직여도 살 만했습니다. 하지만 요즘 세상은 하루가 다르게 빠르게 변하고 있습니다. 내일 무엇이 어떻게 달라질지 알 수 없는 불확실성의 시대입니다. 새로운 것이 나와도 금방 비슷한 것이 나오거나 다른 것에 의해 대체되어버립니다. 이러한 환경에서 오래 살아남기 위해서는 본질을 더욱 깊게 파고드는 노력이 필요합니다. 물론 본질 없이도 한두 번은 잘할 수도 있습니다. 하지만 그때뿐입니다. 변화에 적응하여 성공이라는 목적지에 안착하려면 무엇보다 자신의 REAL을 발견하고 이를 강화해야 합니다.

기억하세요. 지금 우리에게 가장 중요한 것은 REAL이라는 사실을.

그리고 잊지 마세요. 가장 두려워해야 할 것은 REAL을 잃어버리는 순간임을.

PART 1

내 인생의
본질을 찾아서

REAL을 발견하는 여행

이장우 박사는 지금 우리에게 가장 중요한 요소로 REAL을 강조한다.
뜨거운 심장과 깨어 있는 영혼으로 삶의 매 순간을 맞이해야 한다고 말한다.
그렇다면 그는 REAL을 발견하기까지 어떤 과정을 거쳐왔을까?
그의 REAL은 무엇이고 어떻게 발전시켜왔을까?

두렵고 창피한 순간과 매일매일의 스트레스가 주는
고통으로부터 벗어나는 길은
스스로 한계를 설정하지 않는 것입니다.

수세미 영업사원
이장우의 분투

'영업사원을 어떻게 생각하는가? 심지어 수세미를 파는 영업사원이라면….'

 많이 나아졌다고는 하지만 영업사원을 바라보는 사람들의 시선은 여전히 곱지 않은 편이다. 고객이 될 모든 사람들에게 허리를 굽혀야 하는 존재로 안타깝게 생각하거나 심지어 괄시하기도 한다. 그런데 수세미 영업으로 시작하여 글로벌 기업 3M에서 분사된 이메이션코리아(IMATION KOREA) 사장과 글로벌브랜드 총괄대표에 오른 인물이 있다. 바로 우리나라 최초의 퍼스널브랜드(personal brand)로 인정받는 아이디어닥터 이장우 박사다.

나는 통제 불능
말단사원이었다

보통 사람들에게 헌 구두는 더 이상 쓸모가 없어져 버려야 할 물건에 불과할지 모른다. 하지만 영업에 종사하는 사람들에게는 다르다. 구두가 닳을수록, 그리고 헌 구두가 많아질수록 성공 여부를 가늠할 수 있는, 성실성을 대변하는 상징물이기 때문이다.

이장우 박사는 3M의 영업부서에 들어가 수세미 영업사원으로 일을 시작했다. 환경은 열악했다. 입사할 당시만 해도 인천지역에는 3M 대리점도 없었고, 3M이라는 회사의 입지도 약했기 때문에 직접 샘플을 들고 다니며 주문을 받아야 하는 상황이었다. 게다가 가격도 경쟁업체 제품보다 6배가 높았다. 소비자들은 굳이 3M의 수세미를 구입할 이유를 알지 못했고, 당연히 그런 수세미를 파는 영업사원을 반기지 않았다.

이러한 악조건에도 불구하고 그는 신규 거래처를 척척 개척해가면서 발군의 실적을 쌓아갔다. 이와 함께 그가 버린 헌 구두도 셀 수 없을 정도가 되었다. 그는 어떤 마음과 자세로 그 어려운 시기를 이겨냈을까?

1982년 3M에 입사해서 처음 맡은 업무는 수세미 판매였습니다. 선택의 여지 없이 저는 영업사원으로 사회생활을 시작할 수밖에 없었습니다. 그 당시 저는 통제 불능 사원이었습니다. 고집이 세고 저돌적이었으며 무엇이든 할 수 있다는 자신감이 가득했죠. 그러다 보니 대인관계에서 아쉬운 점이 많았습니다. 지금 생각해보면 조금 더 친화적으로 일하면서 타인을 배려했더라면 좋았을 텐데 하는 후회가 듭니다.

하지만 그런 모습이 업무적으로는 긍정적인 성과를 가져오기도 했습니다. 갓 입사했을 때부터 맡은 일에 대한 목표의식이 굉장히 강했죠. 목표가 강하다 보니 위기에 흔들리지 않았고, 상황이 나아지기를 기다리지도 않았습니다. 자연히 회사에서 업무 수행 능력이 탁월하다는 평가를 받았습니다.

그때나 지금이나 회사에서는 목표 달성 여부가 회사의 존폐를 결정하는 가장 중요한 지표입니다. 성과를 얻기 위해서는 물불을 가리지 않는 공격적 태도가 필요합니다. 저는 공격적으로 일한 덕분에 세일즈맨으로서 한 달에 평균 20~30군데의 거래처를 확보하는 실적을 올릴 수 있었습니다.

일은 '주어지는 것'이 아니라 '뺏는 것'

사람은 누구나 처음 들어간 조직의 문화에 영향을 받기 마련입니다. 저는 갓 회사생활을 시작하여 업무 경험이 전무했던 신입사원 시절에 정민영 본부장을 만났습니다. 그분을 통해 저는 많은 것을 배우고 깨우치게 되었습니다. 업무에 대한 저만의 본질(REAL)을 만들어낼 수 있는 계기를 만난 것입니다.

정민영 본부장은 늘 "일은 뺏는 것"이라고 이야기했습니다. 다른 사람의 일을 가로채라는 말이 아닙니다. '일은 주어지는 것'이라고 생각하면 누군가가 주지 않는 이상 아무 일도 하지 않게 되지만, '일은 뺏는 것'이라고 생각하면 스스로 찾아 나서지 않을 수 없습니다. 새로운 일을 찾아내는 저의 모습은 그때 만들어진 본질 덕분입니다. 정 본부장은 또 "기다리지 말고 아이디어를 내라. 문제점만 찾지 말고 해결책을 찾아라"라고 말씀하셨는데, 아직까지도 저에게 강력한 메시지로 남아 있습니다. 사회 초년생들이 저지르는 실수 중 하나는 문제점을 찾는 데만 급급하여 그에 대한 해결책을 찾지 못한다는 것입니다. 즉, 비판을 위한 비판만 할 뿐 앞으로 나아가기 위한 성찰적인 비판을 하지 못합니다. 문제점을 발견했다면 해결책도 함께 찾아야 합니다.

아무런 사회 경험이 없었던 저에게 정 본부장의 이야기는 스펀지가 물을 빨아들이듯 그대로 저에게 흡수되었습니다. 어찌 보면 세뇌를 당한 거지요. 결국 그때 당한 세뇌가 이후의 저의 업무에 지속적으로 작용하여 큰 시너지 효과를 냈습니다. 끊임없이 새로운 아이디어들을 내놓을 수 있는 것도 그때의 경험 덕분입니다.

흔히 세 살 버릇 여든까지 간다고 하지요. 그래서 부모들은 아이의 유치원을 선택할 때도 매우 신중을 기합니다. 첫 직장도 마찬가지입니다.

사회생활의 시작을 어느 곳에서 하고, 그곳에서 어떤 경험을 하느냐에 따라 앞으로 어떻게 일을 하며 사는지가 결정된다고 할 수 있습니다.

이장우 박사는 주어진 환경을 탓하지 않았다. 눈앞의 어려움을 정면으로 돌파하여 이겨내고자 노력했다. 자신의 내면적인 약점도, 외적인 헌 구두도 문제가 되지 않았다. 오로지 목표를 향해 달려나갔다. 하지만 목표를 향해서만 나아가다 보니 자연히 힘든 점도 있었고, 그에 따른 스트레스도 적지 않았다.

영업하면서 가장 견디기 힘들었던 2가지

영업사원은 정신적 스트레스가 최고일 수밖에 없다. 타인의 시선을 의식하지 않을 수 없고, 상대하는 사람도 가지각색이기 때문이다. 게다가 소비자들이 구매하는 데 큰 노력을 들이지 않는 수세미라는 제품을 개척 영업으로 팔아야 했던 이장우 사원, 그는 어떤 심정이었을까?

누구나 첫 직장에 대한 로망을 가지고 있을 겁니다. 지금까지 쌓아온 자신의 능력을 마음껏 발휘할 수 있을 것이라는 기대감도 함께 말입니다. 저도 똑같았습니다. 누구보다 멋지게 일을 해내겠다는 의욕에 차 있었습니다. 그런데 처음으로 맡은 업무가 수세미 판매라고 하니 적잖이 실망한 것이 사실입니다. 창피하다는 생각도 들고, 과연 수세미를 팔 수 있을까 하는 걱정으로 두렵기까지 할 정도였습니다. 게다가 판매하는 곳이 시골 장터였으니 어려움이 더 클 수밖에요.

　하지만 어렵다고 포기할 수 없는 노릇이었습니다. 저는 하루도 거르지 않고 소비자들을 찾아다녔습니다. 그렇게 해서 판매에 성공하게 되면 그전에 느꼈던 창피함이나 두려움이 사라지는 것이었습니다. 물론 실패할 때도 있었습니다. 그러면 다시 마음에 갈등이 생기고 두려움이 고개를 듭니다. 한동안 이런 감정의 기복이 계속되었습니다. 그러다가 어느 순간, 이런 갈등은 사람이라면 누구나 겪는 과정이라는 생각이 들었습니다. 그리고 두려움을 없애는 가장 근본적인 방법은 실패 확률보다 성공 확률을 높이는 것이라는 결론을 내렸습니다. 이후 성공 확률을 높이는 방법을 고민하기 시작하자 수세미를 판매하는 것이 더 이상 창피하지 않았습니다. 어떻게 소비자의 마음을 열 수 있을까 하는 생각만 했습니다. 그러면서 새로 발견한 사실이 있습니다. 소비자가 제품을 구입할 때 제품의 종류는 문제가 되지 않는다는 것입니다. 소비자는 단순히 제품만, 그러니까 수세미만 구입하는 게 아니라 세일즈맨의 스토리를 함께 구입하기 때문입니다. 다시 말해서 저를 통해 3M과 수세미에 대한 또 다른 이미지가 만들어지는 것이었습니다. 이렇게 해서 저는 수세미를 판매하는 저만의 무기, 즉 본질을 만들어갔습니다.

인생 최고의 경험

재래시장에서 직접 소비자들을 만나 수세미를 팔았던 경험이 오늘의 저를 이루지 않았나 생각합니다. 맨땅에 헤딩하듯 현장에서 발로 뛰면서 전혀 모르는 사람들에게 수세미를 파는 과정을 통해 무엇이든 할 수 있다는 자신감을 얻게 되었습니다. 또한 장터에서, 슈퍼마켓에서 판촉을 진행하며 수세미 유통에 관한 진짜 지식을 몸으로 깨닫게 되었습니다. 처음부터 마케팅 업무를 했다면 모르고 지나쳤을 살아 있는 지식을 갖게 된 것입니다. 지식은 책을 통해 얻을 수도 있고, 다른 사람에게 배울 수도 있습니다. 그러나 더 좋은 것은 직접 체험을 통해 가슴으로 느끼는 것입니다. 수세미를 팔아보지 않았다면 저는 현장의 지식을 가슴으로 느껴보지 못했을 것입니다. 그래서 저는 한때 창피하고 두렵기까지 했던 수세미 판매가 저를 성공으로 이끌어준 최고의 경험이었다고 자신 있게 말씀드릴 수 있습니다.

일면식도 없는 곳에 들어가 물건을 파는 것이 얼마나 어려운지는 직접 경험해보지 않은 사람은 모를 것이다. 사람들의 냉소적인 시선에 모욕감을 느낄 때도 있다. 문고리를 돌리기가 죽기보다 싫을 때가 한

두 번이 아니다. 설사 용기를 내어 문을 열고 들어간다 해도 판매가 보장되는 것도 아니니 말이다. 그래도 영업사원은 이러한 어려움과 함께 스스로 느끼는 고통을 넘어서야 한다. 힘든 일임에는 분명하다. 하지만 이러한 장벽을 넘어서야 한다. 이장우 사원이 그랬던 것처럼.

나를 판매왕으로
만들어준 생각

　　　　　　　　　　　"내일은 오늘보다 살이 더 빠져야 하는 압박감이 악몽으로 나타날 만큼 심했다."

　영화 〈내 사랑 내 곁에〉에서 루게릭 환자로 출연한 배우 김명민이 자신이 맡은 역할을 위해 20kg을 감량하며 감내해야 했던 고통을 토로한 말이다. 이는 비단 배우들만의 고통은 아니다. 지금 현재 자신이 하고 있는 일이 무엇이든 나름의 고통은 분명 있을 것이다. 이장우 박사가 영업사원으로 일하며 받은 고통도 크게 다르지 않다. 매일매일 심각한 스트레스에 시달렸다. 이 고통을 넘어서야 뛰어난 영업사원이 될 수 있다고 믿었다. 과연 이장우 박사는 어떻게 그 고통을 이겨내고 놀라운 실적을 이루어냈을까?

수세미를 팔아도 프로처럼

조직생활을 하면 프로의식을 가지라는 소리를 많이 듣습니다. 프로의식이란 자신이 하고 있는 일의 핵심을 파악하고 전문성과 책임감으로 무장하여 능력을 발휘하는 마음 자세를 말합니다. 그런데 이를 단순히 일에 목숨을 거는 것으로 인식하는 경향이 있습니다. 프로의식을 갖는 것과 목숨을 거는 것은 다른 문제입니다. 책임감을 갖지 않은 상태에서 목숨을 걸라고 하면 프로의식이 생기지 않습니다. 게다가 지금의 사회환경도 프로의식을 갖기에 열악한 조건입니다. 높은 집값과 생활비로 월급은 순식간에 사라지고, 삶의 여유를 찾을 수가 없습니다. 여러모로 힘든 환경이 일에 대한 열정을 깎아내리는 결정적 역할을 합니다. 그 속에서 자신의 능력의 한계를 절감하기도 합니다. 이런 상태에서 프로의식을 가지고 일하기란 정말로 쉽지 않습니다.

그렇다고 무작정 비판만 할 수는 없습니다. 원하는 환경이 금방 만들어지는 것도 아닙니다. 이럴 때는 스스로의 한계를 설정하지 않는 것이 현실적인 방법입니다. 저는 비록 수세미를 판매하는 세일즈맨이었지만, 이왕 이렇게 된 마당에 철저한 프로가 되어야겠다고 마음먹었습니다. 전문성과 끈기, 도전정신을 가진 최고의 세일즈맨이 되기 위해 밤낮없이 뛰어다녔습니다.

저에게는 저만의 세일즈 방법이 있었습니다. 미국식 판매 기법에다 한국식 인간관계를 가미하여 고객들의 마음을 사로잡았습니다. 거래처인 슈퍼마켓 사장님들과 친밀한 관계를 유지하기 위해 수시로 만나 이야기를 나누었습니다. 그리고 그 속에서 그분들이 보내는 구매의사 시그널을 절대 놓치지 않았습니다. 설사 인사치레로 하는 이야기라도 이를 세일즈로 연결시키기 위해 노력했습니다. 세일즈에서는 무엇보다 주문받기가 가장 중요하기 때문입니다

출퇴근도 여의도에 있는 3M 사무실이 아닌 인천지역의 거래처인 슈퍼마켓으로 했습니다. 힘들고 어려웠지만 세일즈맨으로 승부하겠다는 결단으로 악착같이 살았습니다. 그렇게 해서 판매왕에 오를 수 있었고, 그것이 훗날 이메이션코리아의 CEO가 되고, 우리나라 최초의 퍼스널브랜드라 할 수 있는 아이디어닥터로 거듭나는 데 든든한 밑거름으로 작용했습니다.

직업과 직장에 대해 만족하지 못하고 하루하루 버티는 인생을 사는 사람들이 많습니다. 하지만 변화를 원한다면 결단을 내려야 합니다. 이직을 원한다면 현재 직장에서 최선을 다해 프로처럼 일하면서 다른 곳으로 갈 수 있는 주도권을 쥐어야 합니다. 성공을 원한다면 지금의 위치에서 승부를 내겠다는 각오를 가지고 뛰어야 합니다. 쉽지 않은 일인 줄 압니다. 그래도 해야 합니다. 이러한 결단과 각오로 임할 때 성공의 신이 곁으로 다가옵니다.

프로가 된다는 것, 프로로 살아간다는 것은 어떤 난관도 극복할 수 있는 확실한 실력을 갖춘 상태를 말하며, 우리 모두에게 요구되는 경

쟁력의 기본입니다.

　사람은 누구나 자신이 세상에서 가장 힘들게 살아간다고 생각한다. 불평을 하고 세상을 원망하기도 한다. 자신의 어려움이 세상이 만들어 놓은 잣대 때문이라고 여기는 것이다. 대기업과 중소기업을 구분하고, 화려한 일과 초라한 일을 구별하는 세상의 잣대가 어느 한 쪽만이 우월하다는 생각을 들게 한다. 그 속에서 우리는 끊임없이 타인과 비교하며 자신을 스스로 불행한 존재로 여겨 절망의 늪에 빠지곤 하는 것이다.

　하지만 이장우 박사는 세상의 기준에 비추어 자신을 불행한 존재로 몰아가지 않았다. 기준이나 잣대라는 것은 어느 곳에 두느냐에 따라 달라질 수 있다고 생각했다. 그리고 스스로를 그러한 딜레마에 빠지게 하지 않으며 진정한 프로가 되기 위해 노력을 아끼지 않았다. 그 결과 세상이 말하는 초라한 일도 화려한 자신의 일로 탈바꿈시킬 수 있었고, 마침내 CEO의 자리에까지 오르게 되었다.

성공 비결의 진실은 성공이라는 포장을 벗길 때 볼 수 있습니다.
성공한 사람들에게도 약점이 있고, 좌절의 시간들이 있었습니다.
하지만 그들은 포기하지 않고 당당히 위기에 맞섰습니다.

입사 10년 차, 글로벌 기업의 CEO가 되다

이장우 박사는 영문학도 출신이다. 대학에서 영문학을 전공하던 시절, 마케팅이나 영업 쪽에는 전혀 관심이 없었다. 그런데 입사 후 교육을 받고 영업 현장에 나가면서 영업과 마케팅에 눈을 뜨기 시작했고 프로의식으로 무장, 주어진 사업 아이템을 모든 지역에서 성공시키는 쾌거를 이루었다. 이런 그를 두고 주변에서는 '이장우가 받아온 주문은 가짜다'라는 의심을 하기도 했다. 믿기 힘든 성과를 바탕으로 이장우 박사는 입사 후 10년 차인 1996년 7월, 39세의 나이로 3M에서 분사된 이메이션코리아(IMATION KOREA)의 초대 CEO로 발탁된다.

'공부'를 외친
CEO

젊은 나이에 글로벌 기업의 CEO가 된 이장우 박사. 젊은 CEO로 이장우 박사가 가장 역점을 둔 일은 무엇이었을까? 스스로 어떤 CEO가 되고 싶었을까?

3M에 근무할 때 저는 격을 중요시하는 사람이었습니다. 저의 세대는 격을 중시하고 권위주의를 내세우는 수직적 사회에서 성장했기 때문입니다. 하지만 미국으로 건너가 글로벌 매니저가 되면서 이런 관념이 달라졌습니다. 직원들의 나이나 직위를 따지기보다는 함께 일하는 파트너로 대하게 된 것입니다.

글로벌 기업인 이메이션코리아의 대표가 되어서도 저는 모든 업무에서 신입사원, 고참사원의 구분을 두지 않고 서로 협의하여 결정했습니다. 회사 내 직급이라는 것을 격으로 보지 않고 정해진 역할로 본 것입니다. 그런데 제 생각대로 되지 않았습니다. 직급으로 나누어진 조직에서 격을 따지지 않기가 쉽지 않았습니다. 그래서 우선적으로 조직문화를 변화시켜야겠다고 생각하고 독서경영을 추진했습니다. 책을 무한대로 구입해주었습니다. 책 읽기를 통제하지 않고 책을 제공하는 것에 초점을 맞추었습니다. 사람은 통제하는 순간 거부하고 저항하기 때문입니다. 그만큼 저는 직원들의 자유와 창의력을 믿었습니다.

제가 독서경영에 관심을 가지게 된 계기가 있었습니다. 한국 3M에서 근무할 때 회식비는 수십만 원씩 지원해주면서도 정작 책을 구입하여 비용을 청구하면 지원해주지 않았습니다. 당시의 조직 분위기는 공부나 독서에 큰 의미를 두지 않았습니다. 책을 보는 것이 눈치가 보일 정도였습니다. 그래서 저는 이메이션코리아의 초대 사장이 되면서 직원들이 마음껏 책을 볼 수 있는 여건을 만들어주었습니다. 회사 분위기가 자연스럽고 창의적으로 변화되었습니다. 더 이상 격이 중시되는 문화가 아닌, 서로 협력하는 파트너문화가 형성된 것입니다.

이와 더불어 포상 여행(incentive trip)도 많이 보내주었습니다. 직원들에게 '공부하라, 휴가를 가라'고 끊임없이 이야기했습니다. 발리, 인도, 캄보디아, 사이판, 피지, 하와이, 뉴질랜드 등지에 직원, 가족, 부부를 초청해서 함께 가도록 했습니다. 이렇게 하면서 조직이 더욱 유연하고 혁신적으로 변화되는 모습을 실감할 수 있었습니다.

CEO로서 듣고 싶었던 소리

또한 교육의 중요성을 알리기 위해 많이 노력했습니다. 책을 자유롭게 읽는 것도 스스로를 교육하는 방법이라고 말해주었습니다. 교육을 통해 자신의 경쟁력을 키우라고 이야기했습니다. 월급쟁이에게 기회는 두 번 오지 않습니다. 평생직장도 사라지고, 언제나 똑같이 할 수 있는 일도 없습니다. 그래서 우리는 스스로 단단해질 필요가 있습니다. 자신만의 경쟁력으로 본질을 지켜나갈 때 자신의 일도, 직장도 지켜낼 수 있습니다. 교육은 자신을 강하게 만드는 가장 효과적인 방법입니다.

저는 저와 함께 일하는 직원들이 스스로 강해지길 바랐습니다. 교육에 목을 매고 끊임없이 공부하라고 한 이유도 여기에 있습니다. 긴 시간 동안 함께해온 수백 명의 직원들이 저를 어떻게 평가할지는 모르겠습니다. 어떤 이는 엉뚱한 보스로, 어떤 이는 까칠한 보스로 기억하고 있을 것입니다. 단 한 가지 바람이 있다면, 직원 교육에 열정을 가졌던 보스로 기억해주는 것입니다. 저를 통해 스스로 강해지는 방법을 알게 되었기를 바랍니다.

독서의 목적은
읽기가 아니다

교육과 독서는 일맥상통하는 부분이 많다. 독서를 통하지 않고 교육이 될 수 없고, 독서는 그 자체로 교육적 효과가 있기 때문이다. 그런데 CEO 이장우는 유독 책 읽기를 강조하는 경영인으로 이름이 났다. 그만의 남다른 이유가 있었던 것은 아닐까?

책이 우리의 삶을 풍요롭게 해준다는 것에 누구나 공감합니다. 책을 통해 삶의 진정한 가치를 발견하게 되는 경우가 많고, 책을 읽으면서 인식이 전환되거나 삶의 지표를 찾는 계기를 마련하기 때문입니다. 낯선 타자들의 이야기, 다른 문화에 대한 간접경험, 행간에서 읽어내는 수많은 삶의 지혜들, 책과 함께 떠나는 여행, 이 모든 것들이 세계와 보다 깊이 있는 대화를 가능하게 합니다. 새 책이 나오기를 기다리는 마음, 주문한 책이 도착하기까지 기다림의 시간 역시 우리 삶이 지니는 여유의 일부라 할 수 있습니다. 그래서 저는 기회 있을 때마다 책 이야기를 했습니다.

그런데 정작 중요한 것은 제대로 읽느냐 하는 것입니다. 아무리 책을 많이 사주어도 사자마자 읽어야 한다는 중압감이 든다면 몇 권도 제대로 읽을 수 없습니다. 책은 오랜 친구처럼 보고 싶을 때 짬짬이 시간을 내어 볼 수 있어야 합니다. 그래야 참된 독서를 할 수 있습니다.

책은 단순히 읽기 위한 것이 아닙니다. 읽기가 목적이 되어서는 안된다는 뜻입니다. 자유롭게 책을 꺼내어 친구와 대화하듯 읽어갈 때 그 속에서 지혜를 터득하게 되고 세상을 보는 나만의 혜안도 넓혀갈 수 있습니다.

오늘날 새로운 성장동력을 발굴하기 위한 기업들의 몸부림이 한창이다. 과감한 혁신을 시도하고, 창의적 인재를 찾기 위해 안간힘을 쓰고 있다. 하지만 권위적인 조직문화에서는 어떤 혁신도 성공하기 어렵다. 때문에 CEO와 직원들의 원활한 소통과 공감이 절대적으로 필요하다. 이를 위해서는 먼저 상하 간의 '격'부터 없애고 직원들이 마음껏 의견을 제시할 수 있는 환경부터 만들어야 할 것이다. 혁신을 외치기전에 혁신을 받아들일 수 있는 준비가 되어야 한다는 의미다.

아무도 모르는
CEO의 내면 풍경

이장우 박사의 스토리를 단면적으로만 살펴본 사람들은 분명 성공이라는 단어만 보일 것이다. 하지만 이장우 박사의 스토리에는 성공 외에도 수많은 위기와 갈등이 존재한다. 그 수많은 위기를 극복하고 갈등을 해결하고 나서야 현재의 위치에 올라 성공을 이야기할 수 있게 되었다. 그의 내밀한 이야기를 좀 더 들어보자.

일이 계획한 대로 되지 않거나 위기가 찾아왔을 때 그 상황에서 도피하고 싶지 않은 사람은 없을 겁니다. 저도 그랬습니다.

3M에서 이메이션코리아가 분사되고 사장이 되기 위해 도전했을 때 뜻하는 바를 이루지 못하면 모든 걸 그만두려고 했습니다. 다행히

제가 원한 대로 사장이 되었지요. 모든 것이 목표대로 흘러갈 것이라 생각했습니다. 그런데 IMF 사태로 인해 위기가 찾아왔습니다. 환율이 2~3배 넘게 뛰면서 제품 가격을 올릴 수밖에 없었습니다. 그럴수록 회사는 더 큰 어려움에 직면하게 되면서 아주 힘든 상황에 처했습니다. 직원들을 떠나 보내면서 저도 모든 걸 내려놓고 떠나고 싶었습니다. 한 번의 위기 상황만 넘기면 더 이상의 위기는 없을 줄 알았지만 세상은 그리 호락호락하지 않았던 것입니다.

미래는 누구도 알 수 없습니다. 외형적으로만 보면 성공한 사람들은 모든 일을 잘하고 순탄한 길만 걸어온 것 같아 보입니다. 하지만 진실은 그렇지 않습니다. 누구에게나 약점도 있고, 어려움도 있고, 좌절도 있는 법입니다. 단지 그것이 겉으로 드러나 보이지 않을 뿐입니다. 성공이란 결과로 전부 포장되는 것입니다.

자신의 성공 비결을 이야기하는 저자들의 책도 알고 보면 자신의 인생을 전부 보여주지는 않습니다. 세상에 알려지거나 괜찮은 부분을 이야기하는 것일 뿐입니다. 다시 말해서 이미지일 뿐 본질은 아니라는 뜻입니다. 우리는 그런 이미지만을 보고 성공이란 것을 쉽게 얻을 수 있다고 생각합니다. 하지만 그들이 성공할 수 있었던 본질을 들여다봐야 합니다. 과연 무엇이 그들을 성공으로 이끌었는지 말이죠.

위기가 닥쳤을 때는

많은 사람들이 '오늘'을 살아갑니다. 하루하루 살아가는 것조차 힘들기 때문이기도 하지만, 가장 큰 이유는 아무도 모르는 미래보다 현재가 중요하다고 생각하기 때문입니다. 오늘을 살아가는 것이 미래를 위한 준비라고 자위하기도 합니다. 이런 상황에서 위기가 닥쳐오면 어떻게 될까요? 그때서야 허둥지둥하게 됩니다. 그렇다면 미래를 생각해온 사람들은 어떨까요? 의연하게 대처할까요? 안타깝게도 그렇지 않습니다. 위기란 것이 안정된 상태에서 갑작스레 일어나는 위급한 상황이기 때문입니다. 갑자기 닥치는 위기에도 끄떡없는 준비된 사람은 극히 드뭅니다.

우리에게 중요한 것은 위기 상황에서 어떻게 다시 안정된 상태로 전환하느냐입니다. 가만히 있는데 위기가 저절로 물러가는 경우는 없습니다. 포기하거나 도피한다고 해서 상황이 달라지는 것도 아닙니다. 진정으로 위기를 극복하는 방법은 하나밖에 없습니다. 스스로 돌파구를 찾기 위해 노력하는 것입니다. 그 과정에서 사람은 자신을 변화시키고 격상시키게 됩니다.

저는 돌파구를 찾기 위해 제일 먼저 책방을 찾았습니다. 책방으로 도피하는 것 아니냐고 할지 모르지만, 저는 새로운 방법을 찾기 위해 책 안으로 들어간 것입니다. 책에 내가 원하는 정답이 있는 것은 아니지만, 스스로 다시 생각하는 시간을 가질 수 있었습니다. 그러다 보면 자연스럽게 해결책에 대한 아이디어가 떠오르고 위기를 극복할 수 있는 혜안을 얻을 수 있었습니다.

지금도 위기는 저를 책방으로 인도하고 새로운 아이디어를 얻을 수 있는 계기가 됩니다. 위기에 대처하는 방식은 서로 다를 수 있지만 위기가 반드시 필요한 과정이라고 말하는 이유가 여기에 있습니다.

"위기를 극복하는 힘"

취직도 잘되고 사업도 순탄할 때 사람들은 부드러워진다. 자신에게 세상 모든 행운이 깃들어 있다고 생각하며 현재에 만족하고 안주하게 되는 것이다. 계속해서 그렇게만 살 수 있다면 얼마나 좋을까? 하지만 호시절은 그리 길지가 않다. 얼마 안 가 위기가 다가오게 마련이다. 위기라는 것이 그렇다. 아무도 모르게 전혀 예상치 못한 순간에 다가온다.

특히나 오랜 기간 편안하게 지내온 사람이나 조직은 위기에 취약하다. 작은 위기에도 금방 무너지곤 한다. 위기에 단련되어 있지 않기 때문이다. 그래서 우리를 진정한 우리로 단련시키고 성장시켜주는 것이 위기라고 말하는 것이다.

위기를 헤쳐나가려면 위기의 본질을 파악하고 모든 것을 재점검하여 재빨리 탈출의 경로를 마련해야 한다. 지금 잠시 책을 덮고 당면한 위기를 생각해보라. 사업이 잘되지 않는다면 무엇에 문제가 있는지, 경쟁업체와 비교해서 마케팅을 차별화하고 있는지, 본인만의 좁은 시각에 갇혀 있는 건 아닌지 전면적으로 다시 검토해보아야 한다. 취직이 어렵다면 목표로 하는 회사의 취업박람회에 참여해서 인사과 직원들에게 그 회사에서 필요로 하는 능력이 무엇인지 직접 물을 수 있어야 한다. 그리고 그들이 이야기해준 능력을 갖추고 나서 다시 문을 두드릴 수 있어야 한다. 별것 아닌 것처럼 들리겠지만, 이런 생각들이 위기를 극복할 수 있는 힘을 만들어준다.

상대방의 오렌지와 경쟁하지 말고
나만의 사과로 승부를 겨루세요.
그래야 승산이 있습니다.

1인 기업의
길을 가다

취업에 성공했다면 축하할 일이다. 하지만 축하에 앞서 지금부터 시작될 더욱 치열한 경쟁의 장에서 지치지 않기를 바란다. 취업을 준비하고 있을 때는 취업만 된다면 밝은 미래가 기다리고 있을 것이라 생각한다. 하지만 실은 더욱 치열한 경쟁이 도사리고 있다. 같은 시기에 입사하여 출발을 같이했어도 이내 조직에서의 역할과 지위가 달라지게된다. 계속하여 타인과 경쟁하며 자신의 경쟁력을 키워나가야 한다. 경쟁을 두려워하기보다는 자신만의 경쟁력을 찾아야 한다. 그 해답은 퍼스널브랜드(personal brand)다. 퍼스널브랜드는 직장생활에서 스스로 경쟁력을 키우고 다른 경쟁자들과의 차이를 만들 수 있는 핵심 요소다.

　이장우 박사는 이미 오래전부터 퍼스널브랜드의 중요성을 강조해 왔다. 개인이 사회의 변화 속도를 따라잡지 못하면 도태될 수밖에 없다고 생각하고, 스스로에게 '내가 지금 하고 있는 것이 맞는가?'라는 질문을 끊임없이 던졌다. 그 질문에 대한 답으로 그는 퍼스널브랜드 구축을 주장했다. 그는 우리나라 최초로 아이디어닥터(Idea Doctor)라는 퍼스널브랜드를 창조했고, 이를 바탕으로 독보적인 위치를 확보하여 놀라운 성과들을 창출하고 있다. 그리고 결국 자신만의 1인 기업을 설립했다.

1인 기업을
선택한 이유

　　　　　　　　　　30여 년 가까이 조직생활을 해온 저였기에 혼자서 모든 것을 해결해야 하는 1인 기업을 처음 구상했을 때는 걱정도 있었습니다. 그래도 1인 기업으로 경쟁에서 이길 수 있다는 자신감을 가졌습니다.

　우리나라의 지식산업 구조는 굉장히 복잡하고 어렵습니다. 직접적으로 글을 포스팅(posting)하고 판촉하는 구체적인 행위에는 돈을 주지만, 머리를 팔면 돈을 벌 수 없습니다. 머릿속 지식과 아이디어는 눈에 보이지 않는 무형의 가치이기에 이를 금전적인 가치로 평가하기 어렵기 때문입니다. 이런 구조에서 제가 컨설팅회사를 설립한다면 곧바로 맥킨지(McKinsey & Company) 같은 세계적인 컨설팅회사와 비교가 됩니다. 당연히 게임이 안 됩니다. 거대하고 체계적인 시스템을 보유하고 있는 조직보다 더 나은 결과를 내놓는 것이 사실상 어렵기 때문입니다. 게다가 시장에는 작은 규모이지만 훌륭한 컨설팅회사들이 많이 있습니다. 그 속에서 뒤늦게 시작하여 경쟁에서 이길 가능성은 희박합니다. 그래서 저는 차별화된 전략을 택했습니다. 저 스스로를 브랜드화하여 저의 경험과 지식으로 만들어낸 아이디어로 승부하겠다는 것이었습니다. 처음에는 많은 사람들이 걱정스러운 시선을 보냈습니다. 차별화된 전략이라고 하지만 과연 성공할 수 있을지 의문을 가진 것입니다. 하지만 저는 자신했습니다. 저에게는 저만의 본질이 있기에 1인 기업으로 성공할 수 있다는 자신감 말입니다. 결국 회사를 설립하지 않고 1인 기업의 길을 택했습니다.

경쟁은 '사과 대 오렌지'로

오늘날의 지식산업 구조와 경쟁사회에서는 경쟁이 안 되는 조직보다 차라리 개인의 힘으로 싸우는 1인 기업이 유리하다고 생각합니다. 물론 경쟁에서 이길 수 있는 자신만의 무기가 있어야 합니다. 자신의 룰과 프레임 안에서 자신만의 무기로 싸워야 합니다. 상대방의 프레임 안에서 싸우면 100전 100패입니다.

개인이 자신의 퍼스널브랜드와 프레임 안에서 싸워 거대 기업과 다른 경쟁력을 가지는 것은 '사과 대 오렌지(apple to orange)'의 경쟁에 비유할 수 있습니다. 상대방의 큰 오렌지에 맞설 게 아니라 자신만의 사과로 싸워야 한다는 것입니다. 즉, 자신의 영역 안에서 싸워야 승산이 있다는 이야기입니다. 그래서 저는 늘 퍼스널브랜드를 앞세웁니다. 개인으로서 얼마든지 다른 업체들과 파트너십(partnership)을 맺을 수 있고, 거기서 수입을 올릴 수 있기 때문입니다.

재미있는 사실은 경쟁관계라고 볼 수 있는 컨설팅회사에서도 저를 세미나에 초청하고, 강연이나 자문을 요청한다는 것입니다. 그 과정에서 서로의 장점을 활용한 협업(collaboration)이 일어나기도 합니다. 차별화된 전략으로 어떤 사람들과도 협력할 수 있는 새로운 혁신을 이끌어내고 있는 것입니다.

스스로 강해지는 최선의 방법

1인 기업을 택한 또 다른 이유가 있습니다. 공부를 계속할 수 있기 때문입니다. 조직을 거느리고 있을 때는 수익 창출을 비롯하여 업무적으로 신경 쓸 부분이 많아 공부할 시간이 부족할 수 있습니다. 그에 비해 퍼스널브랜드를 바탕으로 하는 1인 기업가는 스스로 공부할 시간을 마련할 수 있고, 스스로를 더 발전시키기 위해서도 공부가 꼭 필요합니다.

3M부터 이메이션코리아에 이르기까지 공부에 대한 열정을 불태웠던 저에게 공부를 병행할 수 있는 사실은 너무도 매력적이었습니다. 특히 강연이나 SNS(Social Network Service)를 통해 매일같이 많은 사람들을 만나는 저에게 공부는 일용할 양식과도 같습니다. 사람들은 매번 새로운 것을 원합니다. 왓(what)을 외칩니다. what은 곧 next(넥스트, 다음)입니다. 따라서 끊임없이 새롭게 만들어내고 재충전(reenergize)해야 합니다. 이를 위해 저는 많은 것을 찾아보고, 확인하며 공부하고 있습니다. 제가 커피, 소셜미디어, 맥주, 피자, 치즈, 디저트, 브랜드, 초콜릿, 아이스크림, 향(fragrance) 등의 새로운 콘텐츠를 계속해서 만들어낼 수 있었던 것도 끊임없이 공부했기에 가능했던 것입니다.

공부가 저의 퍼스널브랜드를 유지할 수 있는 원동력이 되고 저의 본질이 됩니다. 공부하지 않으면 바로 무너지게 됩니다. 비단 1인 기업에만 해당되는 이야기가 아닙니다. 앞에서 이야기했듯이 직장인들도 공부를 계속해야 합니다. 그것이 스스로 강해지는 가장 기본적이고 효과적인 방법입니다.

1인 기업의 경쟁력은
어디에서 오는가

　　　　　　　　　　저는 주로 글로벌 기업이나 대기업
에 브랜드마케팅(brand marketing), 소셜미디어(social media), 글로벌
전략(global strategy) 등을 코칭(coaching)하면서 수입을 창출합니다.
그렇다면 글로벌 기업이나 대기업에서는 왜 저와 일을 하고 싶어 할까
요? 이미 시장에는 전문적으로 컨설팅을 제공하는 크고 작은 기업들
이 많은데도 말입니다. 이유는 하나입니다. 다른 컨설팅회사들에 없는
경쟁력이 저에게 있기 때문입니다. 저는 저와 함께 일하는 기업에 공
격적으로 접근하여 아주 세부적이고 실질적인 것을 코칭합니다. 이것
이 저만의 경쟁력입니다.

　제가 이렇게 코칭할 수 있는 것은 제가 지금까지 만들어온 저의 본
질 덕분입니다. 저에게는 수세미 판매와 같은 현장 경험부터 글로벌
기업에서 일하며 키워온 글로벌 감각, 그리고 CEO로 기업을 경영하
며 쌓아온 전략적 사고가 있습니다. 여기에 마케팅, 브랜드, 디자인, 소
셜미디어, 패션, 맥주, 커피 등 다양한 분야에 대한 지식을 갖고 있습니
다. 제가 알고 있는 것을 알고 있는 사람도 있겠지만, 저처럼 여러 방면
을 아우를 수 있는 사람은 흔하지 않을 것입니다. 이것이 저의 본질이
자 경쟁력이고 강력한 무기가 되어 많은 기업들이 저를 선택하게 된
것입니다.

성공하는 기업과 실패하는 기업의 차이는 2%

제가 보기에 성공하는 기업과 실패하는 기업은 2%밖에 차이가 나지 않습니다. 예를 들어 삼성전자와 샤오미만 봐도 그렇습니다. 모든 제품의 성능과 기술은 엇비슷합니다. 하지만 보이지 않는 2% 때문에 샤오미가 삼성전자를 따라잡지 못하는 것입니다.

여기서 중요한 사실은 차이를 결정짓는 그 2%가 내부 사람들에게는 잘 보이지 않는다는 것입니다. 반면에 저와 같은 외부 사람에게는 너무도 쉽게 보입니다. 객관적 시각을 갖고 있기 때문입니다. 그래서 어느 기업이든 훈수를 둘 줄 아는 외부인이 필요합니다.

또한 내부 사람들끼리만 일을 하면 구속력이 떨어집니다. 재미있게도 외부 사람이 들어가야 구속력이 올라갑니다. 원인을 객관적으로 분석하고 다양한 사례들을 접목시켜 효과적인 해결책을 제시하기 때문입니다. 결과적으로 회사에 시너지 효과가 나타나기 시작합니다.

아이디어 큐레이션

저는 기업의 업무를 주도하지 않습니다. 내부 사람들이 하는 일을 뒤에서 밀어붙이거나 올바른 방향으로 가도록 안내하는 역할을 합니다. 더불어 저의 아이디어를 제공하거나 직원의 아이디어를 큐레이션(curation)하는 일을 합니다. 말 그대로 아이디어를 다루는 '아이디어 닥터'의 일을 하는 것입니다.

미술관에서 큐레이터(curator)는 작품을 기획하고 아티스트를 발굴하는 일을 합니다. 아티스트는 오직 자기 작품만 보지만, 큐레이터는 다양한 요소를 연계하여 전체적으로 조망합니다. 그래서 훌륭한 아티스트의 작품이라 해도 큐레이터 없이는 뮤지엄(museum)에 전시되지 못합니다.

아이디어닥터도 큐레이터와 같은 일을 합니다. 타인의 것을 끌어와서 콘셉트를 정하고 자신의 색깔을 입히는 것입니다. 이 작업은 우선 사람을 볼 줄 알아야 할 뿐 아니라 엄청난 상상력을 요구합니다.

'세상은 문밖에 있다'

양재역에서 우연히 블랙야크 광고를 보게 되었습니다. '세상은 문밖에 있다.' 사람들에게는 단순한 광고일 뿐 그 이상의 의미로 다가오지 않았을지 모릅니다. 하지만 저에게는 특별하게 다가왔습니다. 아이디어닥터로 전 세계를 여행하는 저의 상황과 정확히 일치하는 광고 문구라고 생각했습니다. 그래서 '세상은 문밖에 있다!'는 제목으로 강의를 준비하여 진행하게 되었고 많은 분들의 공감을 이끌어내는 데도 성공했습니다.

큐레이션이란 이런 것입니다. 광고가 강의 사례로 활용되는 경우는 많습니다. 하지만 이를 활용하여 전혀 생각지 못한 강의 내용을 만들어내는 경우는 별로 없습니다. 이처럼 어울린다고 생각되지 않는 것들

위. 지하철 양재역에서 만난 블랙야크 광고
아래. '세상은 문밖에 있다!'는 제목으로 진행한 강의의 슬라이드

을 서로 연결하고 엮어 지금까지와는 다른 새로운 무언가를 만들어내는 것이 바로 큐레이션입니다. 많이 보고 느끼고 경험하면 누구나 큐레이션을 할 수 있습니다. 물론 새롭다는 이유로 모든 큐레이션이 성공하는 것은 아닙니다. 하지만 수없이 반복하다 보면 결국 성공에 이르게 됩니다.

"자신의 길을 가라!"

'가지 않은 길(The Road Not Taken)'

미국 최고의 시인으로 일컬어지는 로버트 프로스트(Robert Frost)의 대표작이다. 숲 속에 두 갈

래의 길이 있는데, 가보지 못한 길을 안타깝게 생각하며 오랫동안 그 길을 바라본다는 내용

의 시다. 많은 사람들이 이 시에 공감하는 이유는 선택의 기로에 서서 혹시나 자신이 선택

한 길이 잘못되지 않을까 하는 걱정과, 선택하지 않은 길에는 무엇이 있을까 하는 궁금함이

교차하기 때문일 것이다.

회사 조직에서 나와 새로운 일을 시작하면서 고민이 많았다. 가지 않은 길에 대한 미련을

떨쳐버릴 수 없었던 것이다. 하지만 더 이상 미련으로 시간을 지체할 게 아니라 내가 선택

한 길이 꽃길이 되고 구름길이 되도록 만들어야겠다는 결론을 내렸다.

길이란 가보지 않으면 절대 알 수 없다. 생각보다 좋을 수도, 나쁠 수도 있는 게 길이다. 그

래서 두려움을 갖게 되고, 그 두려움을 최소화하기 위해 다른 사람들이 가는 길을 따라 가

게 된다. 즉, 자신의 길이라기보다는 남들이 가는, 좀 더 안전해 보이는 길을 택하는 것이다.

하지만 그렇게 해서 성공하는 경우는 거의 없다. 있다 해도 자신의 것으로 받아들이지 못하

고 결국에는 또 다른 길을 기웃거리게 된다.

길은 스스로 선택하는 것이다. 그래야 그 길이 온전한 자신의 길이 된다. 자신의 길을 가는

사람은 좋건 나쁘건 어떤 상황도 기꺼이 받아들일 수 있고, 자신이 원하는 길을 새로 만들

어갈 수 있다. 지금 우리에게 가장 필요한 것은 자신의 길을 가는 것이다.

갈등을 회피하지 마세요.

직접 부딪쳐서 해결하세요.

관계는 돈독해지고 새로운 깨달음이 일어날 것입니다.

갈등의 인간관계에서
얻은 깨달음

이장우 박사는 REAL하게 살기 위한 필요 요소로 사람을 꼽는다. 스스로도 사회생활을 경험하면서 때로는 갈등으로, 때로는 멘토(mentor)로 만난 사람들이 지금의 자신을 만들었다는 점을 강조한다. 특히나 자신의 주변에 있는 사람들, 주변인이 중요하다고 그는 이야기한다. 주변인들은 누구보다 많은 영향을 주고받을뿐더러 자신에게 영감을 불어넣어주는 존재이기 때문이다.

　우리가 살면서 피할 수 없는 인간관계, 그 복잡미묘한 세계 속에서 이 박사는 무엇을 겪고 깨달았을까?

적대적 관계를
우호적 관계로 바꾸다

우리는 수많은 인간관계를 맺으며
살아간다. 태어나서 죽을 때까지 매일매일 누군가와 만나고 헤어진다.
그 속에서 갈등하고, 화해하고, 경쟁하고, 협상하며 지낸다. 이런 수많
은 경험을 바탕으로 한다면 누구나 관계 맺기의 전문가가 될 법도 하
다. 하지만 실상은 그렇지 못하다. 가정, 학교, 회사에서 우리를 가장 고
통스럽게 만드는 것이 인간관계다. 이장우 박사 또한 예외가 아니었다.

조직 안에서 갈등에 대처하는 법

조직생활을 하면서 힘든 점은 누구에게나 있습니다. 저 또한 마찬가
지였습니다. 회사에서 맡고 있던 사업부를 성공시키기 위해 최선을 다
하고 있었고, 어느 정도 성과가 보이기 시작할 때의 일입니다. 갑자기
이우현 본부장이 저희 부서에 새로 부임해 왔습니다. 의아했죠. 거부감
도 들었습니다. 그는 관리 파트에 몸담아온 분으로 제가 맡아온 사업
과는 아무런 연결 고리가 없었습니다. 당연히 갈등이 생길 수밖에 없
었습니다. 고조된 갈등은 미국 본사의 사장이 나서서 말릴 정도로 심
한 언쟁으로 번지기도 했습니다. 물론 업무와 관련된 언쟁이었습니다.

이 본부장과 저 사이의 갈등은 서로에 대한 미움이나 시기 때문이
아니라 업무에 대한 견해가 달라서 빚어진 것이었습니다. 그래서인지

오래지 않아 풀어졌습니다. 싸우면서 친근해진다는 말이 있듯이 오히려 더 돈독한 관계로 발전하게 되었습니다. 돌이켜 생각해보면 그분이 저를 관용으로 포용해주신 결과였습니다. 그분은 저의 상사였고 연배도 6~7년 위였습니다. 그리고 다방면으로 뛰어난 분이었습니다. 굳이 후배인 저를 신경 쓰지 않아도 될 위치에 있었습니다. 그런데도 저를 이해로 감싸주셨고 관용을 베풀어주셨습니다. 같은 목표에 대해 다른 의견을 가진 후배에게 귀를 기울여주신 것입니다. 그 덕분에 갈등을 극복할 수 있었습니다. 결코 제가 잘나서 갈등이 해결된 것이 아니었습니다. 이후로 그분은 제가 가장 존경하는 분이 되었습니다.

조직 내 상사와의 갈등은 이런 것이라고 생각합니다. 함께 성장할 수 있고, 더불어 조직도 성장할 수 있는 갈등이라는 말입니다.

혹시 직장 내 상사 혹은 동료들 사이에 갈등이 존재하는가? 그렇다면 그 갈등의 이유가 무엇인지 생각해보았는가? 혹은 갈등관계를 어떻게 풀어야 할지 생각해보았는가?

이유가 무엇이든 갈등으로 인해 관계에 어려움을 겪게 되는 상사와 금세 좋아질 수는 없을 것이다. 물론 상사가 먼저 손을 내밀어 관용을 베풀어준다면 좋겠지만, 상황은 내가 원하는 대로 되지 않는다. 그렇다면 시각을 바꾸어 상사에게 다가가는 것이 현명하다. 상사의 지적을 보다 적극적으로 수용해서 실행해보라. 자신의 문제가 무엇이고 어떻게 고치면 좋을지를 물어보는 것도 좋은 방법이다. 그러다 보면 어느새 변화하는 자기 자신을 발견하게 될 것이고, 편하게 술잔을 기울이는 친한 친구가 되어 있을 것이다.

사람을
힘들게 하는 것

상사와의 갈등으로 힘들어했던 이장우 박사. 어느덧 시간이 흘러 그도 상사가 되었다. 그런데 아이러니하게도 후배들이 상사인 그 때문에 힘들다며 불평을 늘어놓았다. 과연 문제는 어디서 시작되었으며 그 문제를 어떻게 해결했을까?

저는 젊은 혈기로 가득했고, 무슨 일에든 열정적으로 임했습니다. 이런 모습이 다른 사람들에게는 강한 성격과 다혈질로 비춰졌던 것 같습니다. 그래서인지 대인관계가 좋지만은 않았습니다. 회식 자리에서 한 후배가 비인간적이고 삭막하다며 저를 비난한 적도 있습니다. 저에게는 충격이었죠. 360도 다면평가(직원들이 서로 평가하는 방식)에서도 낙제점이었습니다. 그런데도 저는 스스로를 돌아보기보다 직원들이 괘씸하다는 생각뿐이었습니다. 그러다가 시간이 흘러 지난 일을 되짚어보고 곰곰이 성찰해보면서 친화적 관계가 형성되지 못한 원인이 저에게 있다는 사실을 알게 되었습니다. 목표 지향적이고 공격적인 저의 문제였던 것입니다. 그러면서 직원들과 1:1로 대화를 나누기 시작했습니다. 하지만 한번 무너진 관계를 회복하기란 쉽지 않았습니다. 그동안 쌓인 것들이 있는 데다 지위적으로도 직원들이 상사를 신뢰하기란 어려운 일이기 때문입니다. 그래도 저는 지속적으로 노력했고, 그 결과 직원들과의 관계를 상당히 개선할 수 있었습니다.

일련의 일들을 겪으면서 저는 많은 것을 깨달았습니다. 특히 저에게 문제가 있다는 사실을 스스로 깨달았다는 점이 가장 큰 성과였습니다. 그럴 수 있었던 것은 무엇보다 사람들과 직접 부딪치며 해결하려고 했던 행동 덕택이었습니다. 만약 당사자들과 부딪치지 않고 상황을 외면했다면 절대 깨닫지 못했을 것입니다.

직원 입장에서도 이야기하고 싶은 것이 있습니다. 직원들은 상사에게 꾸지람을 듣는 순간 '내가 뭘 잘못했어? 난 잘못한 것이 전혀 없어. 당신이 모르고 있는 거지'라고 생각합니다. 하지만 문제를 되짚어보고 성찰하면 이야기가 달라집니다.

흔히 좋은 관계들로 돌아가는 조직을 좋다고 생각합니다. 하지만 이는 건강하지 못한 조직의 모습입니다. 저는 조직원들이 서로 갈등하고 충돌하기를 권합니다. 비 온 뒤에 땅이 굳어지듯 갈등 속에서 맺어진 관계가 더 오래갈 수 있다는 사실을 알기 때문입니다. 실제로 저는 3M에서 함께 근무했던 후배 몇 명과 아직까지도 연락하고 만납니다.

그 이유는 제가 그들의 사고를 깨고 직접 부딪쳤기 때문입니다. 존댓말을 쓰고, 점잖게 굴고, 깨끗하게 대했다면 지금의 관계가 형성되지 않았을 것입니다.

다툰다는 것은 서로에게 관심이 있다는 뜻입니다. 그래서 다시 결합될 확률이 높습니다. 연애와 마찬가지지요. 사랑이라는 울타리에는 미움도 들어 있습니다. 미움과 사랑은 한끝 차이입니다.

인간관계라는 것이 항상 좋을 수만은 없다. 시시때때로 문제가 생겨 갈등하게 된다. 그럴 때마다 서로에게 책임을 돌리기 일쑤다. 스스로의 문제라고 생각하고 싶지 않은 것이다. 그렇다고 가만있으면 해결은 요원해진다. 상대방과 부딪쳐 대화하고 먼저 자신에게서 실마리를 찾는 노력이 필요하다. 그러면 힘겹게만 보이는 인간관계가 풀리면서 더욱 끈끈하게 맺어질 수 있다.

똑같은 말이라도 어떤 사람에게는 약이 되고
어떤 사람에게는 독이 됩니다.
많은 사람들에게 성공의 영감을 주는 사람이 있는가 하면,
기억조차 되지 않는 사람이 있습니다.

무엇이 인생을
결정하는가

우리는 멘토를 다양한 의미로 표현하고 받아들인다. 그럼에도 불구하
고 많은 사람들에게 멘토란 우리에게 나아가야 할 방향을 제시하여
노력의 시간을 단축시켜준다는 생각에는 공통적으로 동의한다.

　39세의 나이에 CEO가 된 이장우 박사, 그는 어떤 멘토를 만났던 것
일까?

져야 할 때와
이겨야 할 때

제가 제일 존경했던 선배는 당시에는 본부장, 나중에는 한국존슨앤드존슨메디칼 사장이 되신 정민영 본부장입니다. 그분은 항상 자기계발(self-development)을 강조하셨어요. 매주 토요일 전 부서원이 회의실에 모여 특정 주제를 정해서 몇 시간씩 토의를 하도록 지시하셨습니다. 그때 우리가 다룬 주제는 마케팅, 영업을 포함하여 시사성을 띤 내용까지 다양했습니다. 토의에서는 참석자들이 각자 돌아가면서 5분 스피치를 합니다. 미리 준비하지 않고는 매주 5분씩 스피치를 소화하기가 쉽지 않았습니다.

이런 환경으로 인해 어떻게든 책을 읽을 수밖에 없었고, 이 과정이 반복되면서 어느새 책을 가까이하게 되었습니다. 아울러 매주 스피치를 준비하며 공부하는 일에도 수고를 아끼지 않게 되었습니다. 이렇게 학습을 중요시하는 성향은 이후의 직장생활에서 든든한 버팀목이 되었습니다.

정민영 본부장은 저를 뽑아준 분이자 저의 첫 번째 상사였습니다. 제가 다양한 흥미로운 경험을 할 수 있도록 도와주셨고, 지금까지도 제 인생에서 가장 가까운 멘토로 계십니다. 처음 그분을 만났을 때 저는 아무것도 모르는 사회 초년생이었고, 그분이 하는 이야기들을 그대로 받아들였습니다. 이해하기보다 마땅히 해야 할 일이라고 생각하고 그대로 수용했던 것입니다. 지금 생각해보면 그런 과정이 제 인생에 큰 이득이 되었습니다. 하지만 잊지 말아야 할 것이 있습니다. 똑같은 말이라도 다른 뜻으로 받아들여 잘못 배우면 독이 될 수 있습니다.

맞는 말이다! 똑같은 말이라도 받아들이는 사람에 따라 다른 뜻으로 해석하거나 잘못 배우면 독이 된다. 그런데 똑같은 말을 올바르게 받아들이고 잘 배우려면 어떻게 해야 할까?

해결의 실마리는 '되새김질'에서

쓴소리를 좋아하는 사람이 누가 있을까요? 아무리 내게 도움이 되는 이야기라고 해도 듣기 싫으면 쓴소리가 됩니다. 사랑하는 부모님의 이야기가 잔소리로 들리는 이유도 이 때문이겠지요. 말이라는 게 그렇습니다. 같은 의미라도 내가 어떻게 받아들이느냐에 따라 득이 되기도 하고 독이 되기도 하지요. 성직자라 해도 크게 다르지 않습니다. 스님들이 왜 다툴까요? 로마교황청에서 잡음이 이는 이유가 뭘까요? 그분들도 사람이기 때문입니다. 그래서 우리는 말에 대해 되새김질을 해야 합니다. 되새김질은 시간이 중요합니다. 되새김질을 하면서 일주일이 지나고, 열흘이 지나고, 한 달이 지나면 똑같은 말이라도 다르게 느껴질 때가 있습니다. 다시 말해서 순간의 감정에 치우치지 말고 되새김질의 시간을 통해 반추해야 한다는 것입니다. 반추를 하다 보면 '그렇구나, 그럴 수도 있겠다'는 생각이 들면서 이해의 실마리가 보이기 시작합니다. 갈등관계에서도 마찬가지입니다. 상대방의 말을 반추해보면 그 의미를 제대로 받아들일 수 있는 마음의 준비가 이루어집니다.

문제는 해결의 실마리가 보여도 상대방이 먼저 풀기를 원한다는 것입니다. '네 잘못이 더 크니까 네가 풀어야지'라는 식으로 반응하면 갈등이 해결되지 않고 오히려 더 꼬이게 됩니다. 이렇게 해서는 얽힌 실타래를 풀 수 없습니다. 하지만 내가 먼저 나서면 쉽게 풀 수 있습니다.

전투에서 지고 전쟁에서 이겨라

사람은 누구나 타인에게 명령하고 지시하려는 성향을 갖고 있습니다. 하지만 그런 태도를 견지하면 상대방과의 관계는 절대 개선되지 않습니다. 한 번 굽히면 해결될 일을 끝까지 버티며 양보하지 않기 때문입니다. 양보하는 순간 상대방에게 진다고 생각하기 때문입니다. 하지만 참된 인간관계의 이치는 '져야 이긴다'입니다. 그래서 '전투에서 지고 전쟁에서 이겨라'라는 말을 합니다.

작은 전투에 목을 매는 이들이 많습니다. 전투에서 이기려는 것입니다. 그러다가 결국 중요한 전쟁에서는 지고 맙니다. 물론 선택은 개인의 몫입니다.

제가 이메이션코리아에 있을 때의 이야기입니다. 저는 직원들로부터 결재서류가 올라오면 일일이 따지거나 간섭하지 않습니다. 지나치게 간섭하면 직원들이 더 이상 생각하지 않기 때문입니다. 설사 실수한다 해도 '완벽한' 상사가 당연히 수정, 보완할 것이라고 생각합니다. 이는 곧 생각을 죽이는 것과 같습니다. 그래서 저는 큰 문제가 아니면 그냥 결재를 합니다. 성에 차지 않아도 사인을 하는 것은 전투에서 지는 것이고, 일정한 책임도 따르게 마련입니다. 하지만 책임을 지고 직원들에게 생각의 기회를 주면 대부분 최선의 결과가 나왔습니다. 전쟁에서 이기게 되는 것입니다.

같은 사람이라도 그에게서 나올 수 있는 생각의 질과 양은 상황에 따라 차이가 나기 마련이다. 때문에 상대방이 자기만의 생각과 아집으로 재단해버리거나 잘못 해석하여 배척하면 아무도 자신의 생각을 꺼내려 하지 않는다. 이장우 박사가 항상 되새김질을 강조하며 전투에서 지고 전쟁에서 이기라고 말하는 이유다.

영향력 중에서
가장 강한 것은?

성공한 사람들은 영향력을 가진다. 그런데 그중에서도 더 많은 사람들에게 강력한 영감을 주는 사람들이 있다. 바로 '선한 영향력'을 가진 사람들이다. 선한 영향력을 가진 사람 옆에는 늘 많은 사람들이 모이며, 그것이 그를 세상에서 가장 강한 영향력의 소유자로 만든다.

그렇다면 SNS 공간에서 새로운 시각과 통찰력 있는 메시지로 수십만의 사람들에게 영감을 주는 이장우 박사의 영향력은 어디서 나오는 것일까?

미국에서 돌아와 2009년 1월 처음으로 지식기부 공개강연을 진행했습니다. 하이트맥주(HITE)가 후원하여 강남과학회관에서 진행된 지식기부 행사였죠. 1,000명이 넘는 사람들이 몰려들었습니다. 준비한 좌석이 부족하여 사이사이에 서서 강연을 듣는 사람이 있을 정도로 호응도가 높았습니다. 개인적으로는 매우 행복한 일이었죠. 하지만 기획사에는 그렇지 않았습니다. 제가 참가비를 받지 말자고 해서 무료로 행사를 진행했기 때문입니다.

저는 처음부터 기부 행사로 콘셉트를 정했습니다. 1인 기업을 시작할 때부터 저는 돈이라는 것은 개인을 상대로 버는 것이 아니라 기업을 상대로 벌어야 한다고 생각해왔습니다. 물론 돈이 많은 기업이어야 하지요. 그래서 공개강연을 기획하면서도 참가비 대신 기업체 후원을 받아 진행하자고 했습니다. 그런데 예상 밖의 호응으로 실제 비용이 예산을 초과하고 말았어요. 그 많은 참가자들에게 모든 것을 무료로 제공했으니 기획사와 후원사에는 마이너스일 수밖에 없었습니다.

그래서 결국 제가 보전을 해주었습니다. 처음에 세운 콘셉트와 목적을 흐리게 할 수 없었기 때문입니다.

이렇게 지식기부 행사로 많은 사람들이 행복해지는 성공을 맛보고 나서 저는 지금까지 무료 공개강연을 진행하고 있습니다. 때로는 기업의 후원을 받기도 하고, 때로는 제가 직접 강연장을 섭외하면서 말이지요.

제가 여기서 강조하고 싶은 것은 지식기부가 아닙니다. 유료 강연이든 이벤트든 처음의 목적과 콘셉트가 흐려져서는 안 된다는 것입니다.

무지는 유죄?

저는 '아이디어닥터 이장우 박사'로 활동하며 다양한 분야의 일을 하고 있습니다. 커피, 맥주, 소셜미디어, 초콜릿, 피자, 패션 등을 말이죠. 그래서 많은 사람들이 제가 각 분야에 대해 능통한 전문가로 알고 있습니다. 하지만 저는 지금도 공부하는 중입니다. 인생의 절반을 넘는 시간을 한 분야에 쏟은 장인들과 비교하면 저는 겉핥기 수준에 불과하죠.

저는 이런 이야기를 강의에서나 함께 일하는 기업에서도 이야기합니다. 언젠가 저의 코칭을 받는 기업에서 '스토리마케팅북'으로 컨설팅을 요청한 적이 있습니다. 마침 스토리마케팅에 대한 연구를 한참

하고 있을 때였는데, 구체적인 저만의 프레임이 완성되지 않은 상태였습니다. 저는 솔직하게 이야기했습니다. 지금 당장 원하는 컨설팅을 해드릴 수 없다고 말이지요.

저는 모르는 것은 모른다고 이야기합니다. 모르는 것을 안다고 이야기하는 것은 거짓이고 결국 저 자신을 속이는 일이기 때문입니다. 그리고 덧붙여 이야기합니다. 연구할 시간을 달라고. 그러자 기업에서 자기네 사례들을 바탕으로 연구를 해보면 어떻겠느냐고 역으로 제안을 해왔습니다. 모른다고 이야기한 것이 도리어 제가 스토리마케팅을 연구하는 데 더 큰 이득을 가져오게 된 것입니다.

많은 사람들이 무지에 대해 두려움을 느낍니다. 하지만 모른다고 말하는 것을 두려워할 필요는 없습니다. 모른다고 인정하는 순간 더 많은 것을 배울 기회를 얻게 됩니다.

사람들이 찾는 사람의 특징

비어토크를 준비할 때였습니다. 술 전문가를 우연히 만나게 되었습니다. 자연스레 그분을 비어토크에 초청하려고 했습니다. 그런데 그분은 강연과 집필 등으로 매우 바쁜 상황이었습니다. 결국 제안을 하지 못한 채 만남이 끝나고 말았습니다.

그때의 상황이 저에게 새로운 생각을 갖게 했습니다. 사람이 너무 멀게 느껴지면 좋지 않다는 생각이 들었습니다. 당사자는 바쁘게 살고 있어서 잘 모르겠지만, 시간이 지날수록 주위에 다가오는 사람들이 없게 됩니다. 제가 아무리 일정이 바빠도 시간을 내어 사람들을 만나려고 하는 이유도 여기에 있습니다.

저는 항상 '인생은 사람이다'라는 철학을 갖고 이를 실천하려고 합니다. 사람이 없는 인생에는 좋은 일이 절대 일어나지 않습니다. 그 사람이 성공한 사람이 아니라도 마찬가지입니다. 물론 CEO, 장관, 유명인사 등과 어울리는 것도 좋은 일이지만, 우리 인생에 성공한 사람들만 필요한 것은 아닙니다. 사람들은 저마다 자신만의 본질을 갖고 있고, 그 본질이 무엇이든 본받을 점이 있기 때문입니다.

여기서 중요한 인간관계 공식이 있습니다. 늘 한쪽이 주기만 하는 관계는 절대 오래가지 못한다는 것입니다. 어느 정도 균형을 이루어야 인간관계가 유지될 수 있습니다. 저도 그렇습니다. 제가 주최하는 행사에 자주 오는 분이 부탁하면 거절하지 못하지만, 오지 않는 분이 부탁하면 거절할 때가 많습니다. 당연한 이치지요. 인간관계에도 숙성과 발효가 중요합니다. 오래가는 사람은 숙성되고 발효된 사람입니다. 숙성되고 발효될수록 많은 사람들이 찾고 다가가게 됩니다.

이장우 박사에게는 사람 냄새가 가득하다. 사회적으로나 학문적으로 큰 영향력을 지니고 있지만 자신의 면모를 드러내기보다 항상 배우려는 자세로 사람을 대하기 때문이리라. 이장우 박사는 자신을 꾸미거나 과장하는 법 없이 진실을 말하고 정직하게 살려고 노력한다. 그런 그에게 사람들은 친근감을 느끼고 마음을 연다. 이것이 바로 선한 영향력의 결과다. 우리가 이 박사에게 배워야 할 것은 바로 이것이 아닐까?

PART 2

내일을 꿈꾸는가,
오늘을 살아가는가

REAL하게 사는 여행

1부에서 우리는 이장우 박사의 발자취를 통해
REAL을 발견하는 여정을 같이했다.
뜨거운 심장과 영혼을 가지고 말단사원에서
CEO의 자리에 오른 그의 여정을 함께했고,
그 속에서 많은 영감을 받고 자신의 REAL을 찾을 수 있는 실마리를 얻을 수 있었다.
그렇다면 이장우 박사의 현재는 어떨까?
그는 REAL하게 살기 위해 무엇을 하고 있을까?

여행은 계획이 중요합니다.

하지만 100% 계획한 대로 되지 않습니다.

욕심을 버리고 80~90% 정도에 만족하는 것이 좋습니다.

대신 마지막 '끈'은 절대 놓지 마세요.

그래야 여행을 계속할 수 있습니다.

여행주의자에게
여행이란?

"여행은 나를 살아 숨 쉬게 하고 영혼을 불러일으키게 하는 영역이다." 이장우 박사가 이야기하는 여행의 정의다. 여행을 통한 만남, 발견, 배움이 그에게 살아 숨쉬는 영감을 선물해준다는 것이다.

우리는 오늘을 살면서 보다 나은 내일의 행복을 꿈꾼다. 그래서 미래의 꿈이 현재의 삶에 의미를 갖는다. 하지만 현실은 녹록지 않다. 꿈을 이루기 위한 투자는커녕 하루하루를 살기에도 쉽지 않은 경우가 많기 때문이다. 그러나 그럴수록 현재의 삶을 총체적으로 되돌아보는 시간이 필요하다. 여행은 그것을 가능하게 한다.

여행의 처음, 중간,
그리고 끝

사람들은 오늘도 여행을 떠난다. 하지만 저마다 목적이나 기준도 다르고, 여행에 대한 관점도 제각각이다. 늘 여행을 생각하고 실제로 세계 각지를 주유(周遊)하는 여행주의자 이장우 박사는 여행을 어떤 시선으로 바라보고 있을까?

여행은 항상 저를 설레게 합니다. 자주 가본 곳이거나 새로운 행선지에 상관없이 여행을 앞두고 있으면 온몸이 설렘과 기대로 가득합니다. 떠나는 전날은 잠까지 설치고 새벽같이 일어나 부산을 떱니다.

사람들마다 여행과 관련된 저마다의 사연과 이야기가 있을 것입니다. 대부분 아름다운 추억으로 남게 되지요. 물론 좋지 않은 경험도 있을 수 있지만, 여행이 좋다는 사실은 누구도 쉽게 부인하기 어려울 것입니다.

이장우 박사는 촘촘한 강의 일정과 자문 활동으로 인해 매우 바쁘게 살면서도 여행을 빼먹지 않는다. 심지어 눈앞의 수입을 포기한 채 아이디어 탐방을 떠날 때도 있다. 그가 수시로 떠나는 여행의 처음, 중간, 끝에 대해 물었다.

저는 여행지로 향하는 비행기 안에서 주로 책을 읽거나 기내에 구비되어 있는 신문과 잡지를 봅니다. 정보와 지식을 습득하려는 것이 아닙니다. 단지 새로운 무언가를 발견하고 알게 되는 것이 정말 흥미롭기 때문입니다. 그러다 보니 4시간 비행이 제게는 너무도 짧게 느껴집니다. 평소에는 많은 업무 때문에 4시간씩 책을 읽거나 잡지를 보기 어렵지만, 업무를 볼 수 없는 비행기 안에서는 맘 놓고 저만의 시간을 가질 수 있어서 좋습니다. 그러다 보니 어쩌다 8~10시간의 비행 일정이라도 생기면 비행기 안에서 보낼 시간을 생각하는 것만으로도 즐거워지곤 합니다. 비행기 안은 이렇게 저의 또 다른 서재이자 새로운 것을 찾아내고 아이디어를 떠올리는 소중한 공간입니다.

여행은 준비한 만큼 보인다

여행은 계획(planning)입니다. 저는 여행을 떠나기 전에 많은 준비를 합니다. 새로운 여행지를 방문할 때만 준비하는 것이 아닙니다. 같은 장소를 여행할 때에도 계획을 세웁니다. 같은 여행지이지만 여행목적은 다르기 때문이지요.

여행이라는 것은 준비한 만큼 볼 수 있습니다. 준비하지 않는 사람에게는 보이지 않습니다. 재미있는 것은 서너 번을 방문한 곳이라도 다른 목적을 가지고 방문하면 그전에는 보지 못했던 무언가를 발견하게 된다는 것입니다. 신기하게도 커피를 주제로 여행할 때는 그냥 지나쳤던 곳이 초콜릿을 주제로 여행하면 다시 없을 소중한 곳이 되곤 합니다.

모든 일이 그렇습니다. 콘셉트와 주제가 내가 보고자 하는 것을 보게 해줍니다. 이런 이유로 저는 유럽을 커피를 주제로 여행하기도 하고, 초콜릿을 주제로 여행하기도 합니다.

여행을 즐기는 마음 자세

앞에서 여행은 계획이라고 했지만, 사실 여행은 100% 계획한 대로 되지 않습니다. 저는 목표 이상을 이루겠다는 욕심을 버리고 80~90% 정도 하려고 합니다. 여행을 계획할 때는 오랜 시간 준비하고 또다시 점검하지만 실제 여행을 떠나서는 다른 일정을 소화하기도 하는 것입니다. 너무 계획적으로 움직이면 쉽게 지쳐버리기 때문입니다.

무조건 계획대로 여행하지 않는 것이 여행을 진정으로 즐길 수 있는 한 방법입니다. 우연히 들어간 작은 가게에서 눈에 번쩍 띄는 무언가를 보고 특별한 아이디어를 떠올리게 되는 행운을 얻기도 합니다. 이렇듯 미리 계획해서 보는 것들과 계획하지 않은 채 마주치는 것들이 서로 조화를 이루는 순간, 새롭고도 독특한 아이디어들이 솟아나오는 것입니다. 이러한 소중한 경험들이 저의 자산이 되고 미래의 길을 만들어갑니다.

이장우 박사의 말대로 여행은 새로움과 만날 수 있는 무한한 기회의 장이다. 때문에 잘 준비된 여행으로 목표한 것은 물론 놀라운 아이디어 등 기대 이상의 성과를 거둘 수 있다. 이와 더불어 여행은 자신의 현재를 다시금 되돌아보면서 인생을 재설계하여 보다 성숙하고 발전된 단계로 나아갈 수 있게 한다.

내가 사랑한
여행지 TOP 5

이장우 박사는 지금까지 전 세계 80개국 이상을 여행했다. 다양한 지역과 나라들을 찾아다녔던 그에게 가장 좋았던 여행지는 어디였을까? 과연 그곳엔 무엇이 있을까?

짧은 시간 동안 많은 국가를 여행할 수 있는 크루즈(cruise)는 한마디로 예술입니다. 그중에서도 지중해 크루즈를 잊을 수가 없습니다. 자리가 지정되어 있었는데, 운 좋게도 창가 옆에 앉게 되었습니다. 저녁에 일몰이 드리울 때 창문 밖으로 펼쳐지는 광경은 말로 표현할 수 없을 정도의 황홀감을 주지요. 그때 곁들이는 와인의 맛도 빼놓을 수 없는 경험입니다.

크루즈 여행을 하던 도중 2002년 월드컵에서 한국 대표팀이 이탈리아를 이겼을 때였습니다. 공교롭게도 이탈리아 배인 코스타 빅토리아(Costa Victoria)호에 탑승하게 되었습니다. 배우 정우성과 고소영이 모델로 나온 삼성카드 광고에도 나오는 배입니다. 굉장히 웅장하고 멋진 배였죠. 하지만 마냥 즐거울 수는 없었습니다. 앞서 이야기했듯 월드컵에서 우리나라가 이탈리아를 이긴 상황이었기 때문입니다. 아시다시피 이탈리아는 축구에 대한 자부심이 강한 나라입니다. 그런데 자기 나라를 이긴 나라의 사람을 만나게 되었으니 이탈리아 사람들이 곱게 봐줄 리 만무했습니다. 로마에서는 한국 관광객들이 폭행을 당했다는 이야기도 들렸고요. 저 또한 크루즈에서 10명의 이탈리아 청년들을 만났습니다. 한국 사람이라는 것을 알고는 저에게 비아냥거리며 시비를 걸기 시작했습니다. 물론 그들은 제가 이탈리아어를 할 줄 모른다고 생각했겠지요. 하지만 짧게나마 이탈리아어를 할 줄 알았던 저는 그들에게 맞받아치며 이야기를 건넸습니다. 깜짝 놀란 듯했던 청년들은 어느 새 저에게 술을 건네며 한국의 축구에 대해 이야기하기 시작했습니다. 축구라는 공통점을 가지고 같은 언어로 이야기하다 보니 우리는 어느새 친구가 되었습니다. 코스타 빅토리아호를 타고 지중해를 돌면서 기항지에 내려 여러 나라를 여행했던 기억은 지금도 잊을 수가 없습니다.

저는 지중해 크루즈를 다녀오고 나서 '130일 세계 일주 크루즈 여행'을 꿈꾸게 되었습니다. 현재의 모든 활동과 수입을 포기해야 할지

위와 가운데. 지중해 크루즈의 '코스타 빅토리아호'에서
아래. 크루즈에서 만난 이탈리아 청년들

도 모르는 일이기 때문에 분명 쉬운 것은 아닙니다. 하지만 상상만 해도 즐겁습니다.

여행에서는 지나가는 것이 지나가는 게 아닙니다. 여행에서 지나감이란 오히려 새로운 미래가 펼쳐질 수 있는 가능성을 남긴다고 할 수 있습니다. 여행을 다녀오면 느낌과 잔상이 계속 남아 있기 때문입니다. 그래서 누군가는 차를 구입할 것인가 골프회원권을 구입할 것인가를 고민하지만, 저는 항상 여행을 꿈꾸고 계획합니다. 만족과 행복감을 줄 뿐 아니라 여행이 끝나면 새로운 것들이 시작되기 때문입니다.

발리를 '꿈의 여행지'라고 말하는 이유

발리는 제게 꿈의 여행지이자 끝없는 목적지입니다. 1980년대 중반에 처음 방문한 후로 지금까지 계속 찾아가고 있습니다. 떠나올 때마다 다시 올 것을 기약하게 됩니다.

발리는 힌두교 문화권으로 상당히 이국적입니다. 음식도 맛있고, 자연 또한 아름답기 그지없습니다. 처음에는 저도 다른 사람들과 마찬가지로 발리의 비치(beach)를 좋아했지만, 지금은 우붓(Ubud)을 더 좋아합니다. 우붓의 리조트는 자연 속에 위치해 있습니다. 그곳에 머물면 새소리가 아침을 깨우고, 나비가 날아다니며 아침 인사를 전합니다. 와인과 함께 소설책을 읽고 있노라면 신선놀음이 따로 없습니다. 하루 종일 바람 소리, 나무 소리, 물 소리, 자연의 소리가 귀를 즐겁게

합니다. 이렇듯 우붓에서는 자신을 잊고 자연에 탐닉하게 됩니다. 현지 언어도 너무 흥미롭습니다. 사람들도 매우 친절합니다.

발리에는 작은 디자인 상점이 많고, 발달된 예술이 있습니다. 건축물, 회화, 조각품 등이 세계적인 수준입니다. 그래서 세계적인 건축가들과 아티스트들이 발리에 거주하고 있습니다. 이런 이유로 저는 발리가 세계 최고의 섬이라고 생각합니다.

환상의 프러포즈 장소, 방콕 시로코 레스토랑

대부분의 건축물들은 지붕이 있습니다. 그런데 이곳은 하늘을 향해 뚫려 있습니다. 아주 묘한 느낌을 줍니다. 저녁 무렵 눈 아래로 흘러가는 강물을 바라보면서 하는 식사도 환상적입니다. 6시 30분쯤이면 지중해 크루즈에서 보는 일몰과는 또 다른 장관이 연출됩니다.

저는 종종 남성분들에게 이곳 시로코 레스토랑에서 프러포즈를 해보라고 이야기합니다. 환상의 장소에서 프러포즈를 거절하는 여성은 없을 것이라며 농담을 건넵니다. 그 정도로 이곳은 낭만적 분위기로 가득한 공간입니다.

유럽의 지성들은 왜 인간 방패를 만들었을까?

크로아티아는 오래전부터 무척 가보고 싶은 곳이었습니다. 예전에 함께 일하던 후배 직원의 아버지가 크로아티아인이었는데, 그를 통해

낭만적 분위기로 가득한 방콕 시로코 레스토랑

크로아티아가 매우 아름답다는 이야기를 많이 들었습니다. 한때 크로
아티아 열풍이 불기도 했는데, 저는 그 몇 년 전에 이곳을 찾았습니다.

발칸반도는 전체를 봐야 제대로 알 수 있습니다. 두브로브니크
(Dubrovnik)는 유고 내전 당시 유럽의 지성들이 전쟁의 포화에서 지
켜내고자 '인간 방패'를 만든 곳으로 유명합니다. 이 도시의 두브로브
니크성은 물론이고 〈꽃보다 누나〉에 나오는 발칸반도의 바닷가, 플
리트비체국립공원(The Plitvice Lakes National Park)도 한 편의 예술입
니다. 사라예보는 미국 유명 배우 안젤리나 졸리가 가장 좋아하는 도
시이고, 보스니아 내전을 그린 영화 〈피와 꿀의 땅에서(In the Land of
Blood and Honey)〉를 연출하는 등의 공로로 명예 시민으로 위촉되기

도 했습니다.

여행은 배움이 목적이 아닐 수 있지만, 새로운 곳에서는 자연스럽게 역사를 배우고, 세상을 배우고, 사람을 배우고, 문화를 배우게 됩니다. 그래서 여행을 다녀온 사람이 다른 지식을 빨리 받아들입니다. 사람을, 인생을 풍성하게 하는 것이 여행입니다. 이것이 포인트입니다.

한 편의 예술, 플리트비체국립공원

영감과 상상의 도시, 뉴욕

뉴욕은 영감과 상상의 토양이 풍부한 도시입니다. 이곳에서 무엇을, 얼마나 많이 흡수할 것인가는 전적으로 여행자에게 달려 있습니다. 스펀지처럼 빨아들인 것들이 자신의 영혼과 몸에 영양분을 공급해 줍니다.

뉴욕에 가면 셰이크 섁(Shake Shack) 햄버거가게를 꼭 가보라고 추천하고 싶습니다. 저는 여름에 뜨거운 햇살 아래서 이 햄버거를 사먹기 위해 2시간을 기다렸습니다. 그런데도 도무지 줄이 줄어들 기미가 없어 결국 먹지 못했습니다. 계절이 바뀌고 겨울이 되어서도 벌벌 떨면서 40분을 기다린 끝에 겨우 사먹을 수 있었습니다. 이 가게는 별 볼일 없는 길거리 햄버거로 큰 성공을 거두었습니다. 햄버거의 본질까지 파고든 진정한 장인의 노력이 빛을 본 것입니다. 최근에는 기업공개(I.P.O)와 상장에도 성공하여 기업으로 발돋움했습니다.

언제 가도 좋은 곳들

'내가 사랑한 여행지 Top 5' 외에 언제 가도 좋은 곳들이 있습니다. 사실 모든 여행지는 그 자체로 특별한 가치를 보유하고 있으므로 이렇게 저렇게 구분하는 것이 큰 의미는 없습니다. 하지만 저 나름의 기준을 가지고 몇 곳을 더 소개합니다.

프랑스와 이탈리아가 예술적이고 미국이 실용적이라면, 영국은 그 중간이라고 할 수 있습니다.

낭만의 도시, 파리

파리는 도시 전체가 예술이고 걸어 다니는 것 자체가 낭만입니다. 최고의 매력은 작은 책방이 많다는 것입니다. 저는 곳곳에 위치한 책방들을 찾아다니며 걷는 것이 너무 행복합니다. 익숙지 않은 파리의 골목골목을 누비고 다니며 '여기에서는 무엇이 나올까?' 하는 호기심과 기대를 품게 되는 것 또한 저로서는 흥미롭기 그지없습니다.

위. 파리가 한눈에 보이는 몽마르트르(Montmartre)
아래. 파리의 생투앙 벼룩시장(Saint-Ouen flea
market)에서

여행자들의 꿈, 엑상프로방스

프랑스의 프로방스(Provence)에서 사는 것은 모든 여행자들의 꿈입니다. 저도 그중 한 사람입니다. 실제로 프로방스에 거주하면서 책을 집필하는 사람도 많이 있습니다.

프로방스는 그 자체로 좋습니다. 예술과 문화의 풍경, 개성 있는 거리, 흥미로운 상점 등 없는 것이 없습니다. 조그마한 상점들이 몇 백 년의 역사를 간직하고 있습니다. 빠져들지 않을 수 없는 곳입니다. 특히 엑상프로방스(Aix-en-Provence)는 세계적으로 유명한 후기인상파 화가 폴 세잔(Paul Cezanne)이 탄생한 도시입니다. 책을 통해서 보면

역사와 예술이 숨 쉬는 엑상프로방스의 거리

잘 와 닿지 않지만 이곳에 오면 후기인상파의 작품을 실감할 수 있습니다. 그야말로 여행의 매력을 만끽할 수 있는 곳이 프로방스입니다.

서울의 거울, 런던

알고 계신가요? 우리가 동경하는 뉴욕은 사실 런던을 카피한 것입니다. 런던은 모든 면에서 뿌리가 깊은 도시입니다. 뮤지컬을 비롯한 문화는 물론 수제맥주의 오랜 역사를 간직하고 있습니다. 또한 다양한 국적의 외국인들이 많이 거주하여 다채로운 문화가 공존하며 발전해 왔습니다. 패션의 흐름을 살펴볼 때도 빼놓을 수 없는 곳입니다. 한마

런던의 테이트모던박물관(Tate Modern Museum)

디로 런던은 전 세계인이 몰리는 중심 도시로서 각종 분야의 트렌드를 주도해나가고 있습니다. 따라서 이곳을 경험해보아야 서울을 제대로 볼 수 있습니다. 런던을 경험하지 않고 보는 서울은 우리끼리만 보는 것에 불과합니다. 런던을 놓고 보아야 서울의 진정한 의미를 알 수 있습니다.

표현할 수 없는 감동, 친퀘테레

친퀘테레는 '5개의 마을'이란 의미를 가지고 있습니다. 그런데 5개의 마을이 각기 다릅니다. 마을마다 고유한 색깔의 아름다움을 간직하고 있습니다. 마을과 마을 사이를 걷거나 기차를 타고 이동할 수도 있

서로 다른 마을의 아름다움, 친퀘테레

습니다. 사람들이 꼭 들르는 낭만의 거리(Romantic Road)에는 석양이 빚어내는 아름다운 광경이 펼쳐집니다. 사람들은 그곳에서 사랑을 맹세하고 둘만의 표시를 남깁니다. 자연과 사람이 만들어내는 조화 속에서 말로 표현할 수 없는 감동이 밀려옵니다.

기차에서 내리면 할아버지들이 기다리고 있습니다. 그들은 친절하게 먼저 말을 걸어오고 관광객을 위해 모든 편의를 제공합니다. 친퀘테레에서만 느낄 수 있는 영화 같은 장면입니다.

북한의 추억

모든 여행은 아름다운 추억을 남긴다. 하지만 한 번쯤은 잊고 싶은 기억도 있게 마련이다. 거기엔 괴롭고 고된 경험이 자리한다. 새로운 것들과의 만남에 대한 기대와 흥분으로 가득한 이장우 박사의 여행에도 힘든 기억이 있을까?

북한에 갔을 때의 이야기입니다. 제가 북한에 있을 당시 '2차 연평해전'이 발발했습니다. 우리나라 군함이 침몰되면서 한반도 정세가 급속히 경색되었습니다. 남한 사람들을 억류한다는 이야기, 중국으로 추방한다는 이야기가 돌았습니다. 긴박하고 무서웠습니다. 상황이 상황인 만큼 정말 아찔했던 순간이었습니다.

북한 평양에서 안내원과 함께

제가 북한을 방문하게 된 것은 소속 단체의 기획 덕분이었습니다. 처음에는 굿네이버스, 두 번째는 초록어린이재단, 세 번째는 중소기업 중앙회의 김기문 회장 초청으로 방문했습니다. 그렇게 한 번도 가기 어려운 북한을 세 번이나 다녀온 것은 제겐 행운이었습니다. 아찔했던 순간도, 안타까웠던 순간도 있었지만, 지금 돌이켜보면 또 다른 경험을 할 수 있었던 행복한 시간이었습니다.

이질적인 두 풍경

평양에서 고려호텔 앞의 길을 지나는데 학생들이 등굣길에 책을 보고 있었습니다. 역시 우리 한민족은 공부에 열심이라는 사실을 새삼 느꼈습니다. 그 유명한 '아리랑축전'도 관람했습니다. 실제로 보니 화면에서 보던 것보다 훨씬 화려하고 대단했습니다. 준비하는 사람들이야 엄청 고생을 했겠지만, 그 화려함과 완벽함에 한민족은 정말 대단한 민족이라는 것을 깨닫게 되었습니다. 반면 북한의 공장들은 전부 붕괴 직전이었습니다. 창문도 없을 만큼 시설이 낙후되어 있었습니다. 그럼에도 불구하고 고위층 간부들은 고급 외제차를 타고 다녔습니다. 북한의 실상을 엿볼 수 있었죠.

흥미로운 것은 하나같이 경직되어 있는 안내원들이었습니다. 꼭 필요한 말과 행동만 할 뿐 저희와는 음식도 함께 먹지 않았습니다. 그중 김일성대학을 나왔다는 한 안내원은 우리나라의 자살률에 대한 이야기를 꺼내며 남한은 불행한 사회라고 비난을 하기도 했습니다. 한민족임에도 불구하고 자신이 처한 환경 때문에 잘못 이해하고 있는 모습이 안타까웠습니다. 그런데 더 마음이 아팠던 것은 함께하는 시간이 많아지면서 조금씩 자신의 속마음을 내비치는 이들의 말 때문이었습니다. 그들은 우리보고 축복받은 환경에서 살고 있다며 부럽다는 말을 조심스레 건넸습니다. 통일이 되었다면 함께 꿈에 대해 이야기할 청춘들이 서로 떨어져 다른 삶을 살아가고 있는 현실이 안타까울 따름이었습니다.

통일이 안 되는 이유

북한을 돌아보며 통일이 안 되는 이유를 짐작할 수 있었습니다. 북한은 철저한 오너 체제이고 남한은 전문경영인 체제이기 때문이라는 생각이 조심스럽게 들었습니다. 제가 본 북한은 조선민주주의인민공화국이라는 이름과는 달리 과거 조선왕조로 퇴행한 상태였습니다. 어쩌면 체제 유지를 위해 이름을 바꾸지 않았는지도 모릅니다. 반면에 남한은 국민이 주인인 민주주의사회입니다. 기업에서는 다를 수 있지만 국가적으로는 전문경영인 체제가 오너 체제보다 국민들이 살기에 좋은 환경이라는 생각이 들었습니다. 지금 우리 사회에 문제가 없다는 말이 아닙니다. 분명 우리도 변화되어야 할 부분이 많습니다. 하지만 전문경영인 체제가 한 민족이 함께할 수 있는 여건을 조성하기에 적합한 것은 부인하기 어려울 것입니다.

진정한 여행은
마음속에 입금된다

참공부를 위해 여행에 투자한다는 것은 분명 가치 있는 일이다. 하지만 일반적으로는 금전적인 부분을 걱정하지 않을 수 없다. 무엇에 투자하려면 투자 이상의 가치가 있다고 판단되어야 하기 때문이다. 아울러 그 가치라는 것은 눈에 보이는

98

것이 아닌데, 우리는 결과가 눈에 보이는 일에만 시간과 돈을 들이려 한다. 그렇다면 여행은 과연 금전을 뛰어넘는 가치가 있는 것일까?

여행은 확실히 금전을 뛰어넘는 가치가 있습니다. 지금 1,000만 원이 있다고 가정해봅시다. 이를 통장에 두겠습니까, 아니면 여행에 투자하겠습니까? 어느 쪽이 나을까요? 정답이 없는 이 질문에 많은 이들이 통장에 1,000만 원을 넣어두겠다고 대답할지 모르겠습니다. 통장에 둔 돈은 이자로 인해 더욱더 늘어날 수 있기 때문입니다. 여행에 1,000만 원을 쓰는 것은 지출이자 비용이지만 통장의 1,000만 원은 투자라고 여기는 것이지요. 하지만 저는 여행에 쓰는 1,000만 원이 단순 지출이 아니라 마음속에 입금하는 것이라고 생각합니다. 아울러 새로운 투자라고 생각합니다. 물론 당장에 어려운 상황에서 1,000만 원을 선뜻 여행에 쓰기는 어려울 것입니다.

여기서 제가 강조하고 싶은 것은 여행에 쓰는 돈을 아까워해서 은행에 저축하는 것이 미래를 위해 더 나은 선택이라는 생각을 깨야 한다는 것입니다. 여행에는 우리가 생각하는 것보다 더 값진 가치가 있습니다. 여행으로 얻은 경험은 인생에서 언젠가 꽃으로 피어날 씨앗이 되기 때문입니다.

가치 있는 여행의 조건

가치 있는 여행을 위해서는 앞에서도 이야기했듯이 계획이 중요합니다. 계획은 단순히 여행 일정을 짜는 것만이 아닙니다. 여행의 목적을 정하고 여행할 곳에 대해 충분히 공부하는 것도 계획에 포함됩니다. 공부라고 해서 어렵게 생각할 필요가 없습니다. 여행 잡지나 여행수기를 통해 정보를 수집하고, 자신에게 맞게 분석하면 됩니다.

저의 경우에는 먼저 여행을 통해 무엇을 얻고 싶은지를 생각하며 여행지를 정합니다. 거창해 보이지만 아닙니다. 여름 스포츠를 즐기기 위해 동남아시아의 여러 나라 중 어느 한 곳을 선정하는 것과 다르게 없습니다. 커피를 위해 미국을 여행하고, 맥주를 위해 벨기에를 여행하는 식입니다. 이렇게 목적에 맞는 여행지가 정해지면 본격적으로 그와 관련한 정보들을 찾기 시작합니다. 이 또한 어렵지 않습니다. 책과 인터넷을 통해 수많은 정보를 손쉽게 얻을 수 있습니다. 이때 중요한 것은 단순히 여행지에 대한 정보만 수집하지 말고 그곳에서만 볼 수 있는 무언가를 찾는 것입니다. 예를 들어 맥주를 위해 벨기에에 가기로 했다면 벨기에 맥주의 역사를 되짚으며 벨기에만의 고유한 요소를 알아내는 것입니다. 정보 수집이 끝나면 저만의 툴(tool)을 만들어 내용을 정리해둡니다. 여행지에 가면 이것이 그 어떤 여행서보다 저에게 딱 맞는 안내서가 되고, 여행을 다녀온 후에는 저만의 지식이 가득한 비밀 서적이 됩니다.

다시 말하지만 여행 계획을 세우는 것이 여행의 참맛을 배가시키고 여행의 가치를 끌어올리는 최고의 방법입니다.

이장우 박사처럼 여행의 가치와 참맛을 아는 사람은 통장의 돈을 세기보다 마음속에 저축되는 돈을 불리는 것을 더 중시한다. 그래서 과감히 떠날 수 있는 것이다. 우리도 한 번쯤 그처럼 훌쩍 떠나보면 어떨까? 현실의 벽에 갇힌 자신을 벗어나 여행의 진정한 가치에 눈을 뜨고 새로운 꿈도 꿀 수 있지 않을까?

여행의 최종 목적지는 꿈

저는 아직도 하고 싶은 일들이 너무 많습니다. 트래블 코치(Travel Coach)도 그중 하나입니다. 이는 개인을 상대로 여행을 코칭해주는 일입니다. 여행지와 여행 일정에 대한 상담이 아니라 여행 이상의 가치를 누릴 수 있는 방법에 대해 다양하게 코칭해주는 것입니다. 예를 들어 방문하는 도시의 특성에 맞는 와인을 체험하거나 맥주 제조공정을 실습할 수 있도록 하는 등의 구체적이고도 특별한 활동을 서포트합니다. 디자인 감각을 키우거나 아이디어를 자극할 수 있는 여행 일정을 개발할 수도 있습니다. 몸과 마음의 휴식을 위한 여행을 넘어 특정한 세계를 보고 느낄 수 있도록 도와주고 싶습니다. 저의 트래블 코칭을 통해 사람들이 자신의 본질(REAL)을 생각하고 발견하는 여행을 할 수 있도록 말이지요.

저에게 여행은 즐기는 여행을 넘어 머무는 여행, 실질적이고 실행적인 여행입니다. 이를 통해 얻은 것이 많습니다. 이러한 여행의 가치를 사람들이 체감할 수 있게 해주는 것이 트래블 코치입니다.

이장우 박사는 트래블 코치로서 지나가는 여행이 아니라 현지인들과 어울리고 관심 있는 분야의 지식과 경험을 터득할 수 있는 여행 수업을 그리고 있다. 그 여행 수업은 아마도 한 도시에서는 커피를 음미하며 배우고, 다음 도시에서는 맥주를 제조하며 배우는 시간이 될 것이다. 또 길을 걷다가 작은 책방에 들러 책을 보며 아이디어를 찾거나, 새소리와 바람 소리를 즐기며 책을 읽는 시간도 가질 것이다. 한마디로 '삶이 묻어나는 여행'이다.

인간은 무언가를 이루면서 보람을 느끼는 존재입니다.

이루기 위해서는 시도해야 합니다.

하지만 많은 사람들이 계획만 세우고 시도는 하지 않습니다.

많은 것들을 계산하기 때문입니다.

계산하지 말고 시도하세요.

성공을 위한 황금 열쇠가 앞에 있습니다.

당신은
브랜드?

이장우 박사는 REAL하게 살기 위한 또 하나의 방법으로 퍼스널브랜드를 강조한다. 자신만의 브랜드를 구축하고 유지, 강화하는 과정에서 자신의 본질에 충실한 삶을 살 수 있게 된다는 것이다. 이를 위해 그는 '자기성장(self-growth)'에 모든 주파수를 맞추라고 말한다.

퍼스널브랜드의
절대 조건

이 시대에 퍼스널브랜드는 일시적

인 열풍을 넘어 우리 삶에서 필수불가결한 요소가 되었습니다. 퍼스널 브랜드가 연예인이나 유명인들의 전유물이 아니라 개인이라면 누구든 가질 수 있는 명예이자 성공을 위한 새로운 수단으로 급부상하게 된 것입니다. 이런 시대상을 뒷받침하듯 서점가에는 퍼스널브랜드 관련 서적들이 계속 쏟아져 나오고 있습니다. 그리고 하나같이 자기계발에 힘쓰라고 이야기합니다.

퍼스널브랜드와 자기계발이 뗄래야 뗄 수 없는 관계임은 분명합니다. 하지만 과연 퍼스널브랜드가 자기계발로만 가능할까요? 책에서 제시하는 방법들을 실천하려고 노력해도 퍼스널브랜드를 구축하지 못하는 것은 왜일까요? 많은 자기계발 서적에서는 자신의 재능이 무엇인지 깨닫고 발달시키라고 이야기합니다. 문제는 이를 위해 제시되는 방법들이 매우 주관적이고 개인적이란 것입니다. 사실 자기계발에서 모두에게 적합한 방법은 존재할 수 없습니다. 많은 책을 읽고 실천하려고 노력해도 원하는 결과를 얻지 못하는 이유가 여기에 있습니다. 책의 저자에게는 통했던 방법이 나에게는 맞지 않는 방법이었던 것입니다. 그럼에도 불구하고 단지 성공했다는 이유만으로 그것이 불변의 성공법칙인 양 포장되니 사람들은 그대로 흉내 내기에 급급하게 되고 실패하는 경우가 많았던 것입니다. 그렇다고 자기계발 서적을 읽지 말라는 이야기가 아닙니다. 자기계발만이 퍼스널브랜드를 구축하는 황금 열쇠라는 인식을 바꾸어야 한다는 이야기입니다.

저는 퍼스널브랜드 구축을 위해 '자기성장'이 가장 중요하다고 생각합니다. 여기에는 외적인 성장과 함께 내적인 성장도 포함됩니다. 사람의 외적 성장은 몇 차례의 성장 포인트를 거치면서 완성됩니다. 성장기가 멈추면 그것으로 끝입니다. 하지만 내적 성장은 다릅니다. 무한대로 성장이 가능하며, 그 가능성은 어느 누구도 짐작할 수 없습니다. 내적 성장에 필요한 요소도 개인에 따라 다릅니다. 어떤 식물은 물만 주어도 자라고, 또 어떤 식물은 햇빛만 잘 쐬어주어도 잘 자라듯 개인의 자기성장도 저마다 그에게 맞는 요소와 방법이 따로 있습니다. 따라서 자기계발이란 주어진 정답을 실천하는 게 아니라 자기성장에 필요한 것들을 찾아가는 방법으로 이해할 때 진정한 의미를 갖는 것입니다. 물론 그 방법이 많을수록 당연히 자신에게 적합한 것을 찾는 일이 쉬워집니다. 다시 말해서 수많은 자기계발의 성공 사례들을 자신에게 꼭 맞는 황금 열쇠가 아니라 자신에게 맞는 것을 찾게 해주는 열쇠 꾸러미로 생각해야 한다는 것입니다. 황금 열쇠가 들어 있는 곳을 열 수 있는 열쇠 꾸러미로 말이지요.

우리는 마음만 먹으면 언제나 내적으로 성장할 수 있습니다. 개별적으로 방향과 속도에는 차이가 있겠지만, 그 가능성은 누구에게나 동등합니다. 그 가능성을 현실로 만들기 위해 우리는 자기성장을 멈추지 말아야 합니다.

자기성장의
황금 열쇠

예전에는 자기성장을 위한 도구로 책과 사람을 강조했습니다. 하지만 인터넷시대가 도래하면서 모든 정보 검색이 가능하게 되었습니다. 저도 치즈를 공부할 곳을 찾다가 인터넷을 통해 마땅한 학교를 찾았습니다. 그래서 많은 시간을 절약할 수 있었습니다. 만약 인터넷이 없었다면 프랑스 시골에 위치한 치즈학교를 찾기도 힘들었을 테고, 설사 찾았다 해도 입학을 위해 우편으로 편지를 보내는 등 번거로운 절차를 거쳐야 했을 것입니다.

우리는 지금 초연결사회(hyper-connected society)에서 살고 있습니다. 그래서 모든 것이 가능해졌습니다. 저는 SNS를 통해 저명하신 분들과 연결되어 친분을 맺었습니다. 원하기만 하면 어떤 사람도 만날 수 있는 세상입니다.

계산하지 말고 시도하라

하나를 이루어본 사람이 2개도 이룰 수 있고 3개도 이룰 수 있는 법입니다. 그러면서 보람을 느끼는 게 사람입니다. 반대로 아무것도 이루어보지 못한 사람은 어느 것도 이룰 수 없습니다. 그래서 시도가 중요하다고 말하는 것입니다. 그런데도 많은 사람들이 시도조차 하지 않습니다. 이유가 뭘까요? 너무나 많은 것을 계획하고 계산하기 때문입니다. 망설이고 있나요? 그러지 마세요. 지금 당장 시도하세요.

현대사회는 불안하고 예측하기 힘들다. 이러한 환경에서 사람들은 철저하게 계획하고 안전한 루트(route)를 확보하려고 한다. 그 결과 똑같은 스펙과 경험을 가진 사람들이 넘쳐난다. 그러면서 좋은 학교, 좋은 경력을 가졌을 때 경쟁에서 이긴다는 것이 정답을 위한 공식처럼 보이게 되었다. 이러한 공식을 깨는 방법은 오직 '자기성장'뿐이다.

이장우 박사는 남들과 달라지기 위한 자기성장을 강조한다. 완벽한 계획이나 치밀한 계산보다 무언가를 시도하고 도전해볼 것을 권한다. 나만의 재능을 발견하고, 독자적인 퍼스널브랜드를 구축하는 길이 이로부터 시작되기 때문이다.

자기계발에
실패했다?

저는 자기계발을 위해 1년에 평균 1억 이상을 투자합니다. 아이디어 탐방과 도서 구입을 포함하면 어떤 해에는 1.5~2억 정도 됩니다. 왜 이렇게 하냐고요? 투자한 만큼 아이디어닥터의 업무로 연결되는 경우가 많기 때문입니다. 아울러 꼭 업무적으로 연결되지 않더라도 저의 삶 속에 차곡차곡 쌓이게 됩니다.

일반적으로 사람들은 즉각적인 결과물을 원합니다. 그래서 오랜 시간을 요하는 자기계발을 지속하지 못하고 중도에 포기하게 됩니다. 다시 다른 방법을 찾아보기도 하지요. 하지만 자기계발 방법을 수시로 바꾸는 것은 바람직하지 않습니다. 자기계발이라는 것은 단기간에 효과가 나타나지 않기 때문입니다.

세상은 결국 오래 한 사람이 잘하고 이기는 법입니다. 아무리 머리가 좋아도 계속하는 사람을 당할 수 없는 게 세상 이치입니다.

포기하고 싶을 때는 이렇게

제가 처음 공부를 결심하고 나서 시작한 게 경영학이었습니다. 그렇게 경영학 박사학위를 취득하게 되었고, 저는 또 다른 도전을 준비했습니다. 아내에게 예술학에 도전하겠다고 말했죠. 그랬더니 경영학 외에 다른 학위를 취득하려는 목적과 의도를 이해할 수 없다며 반대했습니다. 아내의 반대에 부딪히면서 순간 포기하고 싶은 마음도 있었습니다. 더 공부하고 싶어 말을 꺼내긴 했지만, 그 도전이 힘들 것이라는 것을 알았기 때문입니다.

하지만 포기하지 않았습니다. 이미 지인들한테 공표한 것도 있고 해서 시간을 갖고 아내의 마음을 돌리기 위해 노력했습니다. 그렇게 예술학 공부를 시작했습니다. 저는 무언가를 시작할 때는 먼저 사람들에게 이야기해놓는 것도 좋은 방법이라고 이야기합니다. 사람들은 스스로에게 한 약속은 지키지 않아도 된다는 생각이 들지만, 남 앞에서 한 약속은 어떻게 해서든 꼭 지키고자 하기 때문입니다.

아내의 반대는 한 번뿐이 아니었어요. 소셜미디어(social media)나 커피 공부를 위해 해외에 나갔을 때도 반대했습니다. 한국에서 공부하는 건 그래도 낫지만, 외국까지 나가서 공부하는 것은 이해하기 힘들다면서 말이지요. 더군다나 당시 저의 업무는 SNS나 커피와 직접적인 관련이 없었습니다.

저는 업무 때문에 커피를 배우려고 한 게 아니었습니다. 뭔가 강렬한 느낌을 받았다고 할까요? 커피를 배운다는 것은 저에게 또 다른 상징성을 가지고 있었습니다. 지금까지와는 전혀 다른 분야에 대해 공부하며 스스로를 새로움이라는 것에 눈뜨게 하고 싶었던 것입니다. 패션을 공부할 때도 마찬가지였습니다. 패션을 집중적으로 공부한 결과 그 분야에 새로운 눈이 떠졌습니다. 세라제화의 세라구두디자인학원(SAERA Shoes Design Academy)에서 구두에 대해 배우며 구두를 3켤레 만들기도 했습니다. 제가 구두사업을 하고 있는 것도 아니었고, 구두 디자이너가 되겠다는 것도 아니었습니다. 하지만 이 모든 배움의 과정이 저를 새롭게 하는 것이지요. 그리고 직접 경험하니 그저 눈으로 보기만 했던 것이 제 몸에 와 닿게 되었고, 그것이 저의 새로운 본질이 되기 시작했습니다.

혹시 지금 무언가 궁금하거나 새로움이 필요한가요? 그렇다면 고민하지 말고 바로 시작하세요.

미치고 싶은가? 그렇다면

구글(Google)의 CEO 래리 페이지(Larry Page)는 무슨 일이든 '미친 듯이 해야 제대로 한다'는 철학을 가지고 있습니다. 맞습니다. '미쳐야 미친다(不狂不及)'는 말도 있듯이 꿈을 이룬 사람들은 모두 자기 분야에 미쳐 있었습니다. 물론 미침의 정도는 사람마다 다릅니다. 처음에 미치기도, 중간에 미치기도, 계속 미쳐 있기도 합니다. 여기서 중요한 건 미쳐본 사람만이 그 실체를 알 수 있다는 것입니다.

미쳐보고 싶은데 도저히 안 된다고요? 좋은 방법은 미친 사람을 많이 사귀는 것입니다. 사람의 성향은 곁에 있는 사람에게 전염되는 특성이 있습니다. 미친 사람을 사귀면 자극을 받아 그와 같은 성향을 갖게 됩니다. 마찬가지로, 열정이 없는 사람이 곁에 있으면 아무런 도움이 되지 않습니다.

열정이 중요합니다. 열정이 있어야 상상도 하고 호기심도 가질 수 있습니다. 이러한 열정을 유지하려면 마음을 잘 다스려야 합니다. 마음이 꺾이면 열정도 금방 식어버리기 때문입니다. 한때 반짝 하다 말아버리는 사람들은 자신의 마음을 다스리는 데 실패한 사람들입니다.

또한 열정은 '내일'을 기약하지 않습니다. 내일에는 열정이 없습니다. 그래서 저는 항상 '지금 당장 하라(Just Do It Now)'고 말합니다.

저의 인생 철학이기도 합니다. 일러스트를 배우겠다고 다짐한 순간 바로 일러스트학원에 등록하고, 여행을 가겠다고 하면 1년 전에 미리 예약해야 합니다. 이것이 열정입니다. 열정은 '단순'합니다. '카르페 디엠 (Carpe Diem)', 오늘 하루 할 수 있는 일에 최선을 다하는 것입니다.

"변화를 즐겨라!"

변화의 가장 큰 적은 두려움이다. 두려움 때문에 변화를 시도하지 못하고 시대의 변화에 뒤떨어진 삶을 살게 된다. 이 같은 현상은 젊은이들보다 나이 든 사람들에게서 더 크게 나타난다. 나이 든 사람들에게 변화는 지금까지 쌓아놓은 것들을 무용지물로 만들지 않을까 하는 두려움과 걱정을 일으키기 때문이다.

《논어》〈위정편〉에 '군자불기(君子不器)'라는 말이 있다. 군자는 일정한 용도로 쓰이는 그릇이 아니라는 뜻이다. 쓰임이 하나뿐인 그릇이 되어서는 안 된다는 것이다. 즉, 한 분야에만 정통한 전문가가 아니라 다방면에 걸친 지혜로운 사람이 되어야 한다는 말이다. 2000여 년 전의 말이지만 그 의미는 오늘날에도 여전히 유용하다.

인생을 살아가려면 한 가지 재능만으로는 불가하다. 제2의 인생을 살아야 하는 사람들에게는 더욱 그렇다. 이제는 T자형 인재를 넘어 U자형 인재를 원하는 시대다. 이런 시대에서 변화는 두려움의 대상이 아니라 즐기는 활동이 되어야 한다. 자의든 타의든 우리는 변화를 겪게 되어 있다. 그것은 어느 날 갑자기 찾아오기도 예고되기도 한다.

어차피 겪을 변화라면 스스로 먼저 변화를 꾀하는 것이 최상이다. 나는 변화를 즐기는 사람이다. 스스로 'idea Doctor 이장우 박사'라는 퍼스널브랜드로 활동하면서 1인 기업가로 여러 기업들과 일하고, 다양한 사람들을 만난다.

나는 원래부터 변화를 즐기는 사람이 아니었다. 외국계 기업에 몸담고 있다가 나올 때도 마냥 즐겁기만 한 것은 아니었다. 그런데 미팅 장소를 사무실이 아닌 카페로 옮기면서 좀 더 유연한 분위기에서 좋은 아이디어가 나온다는 사실을 실감하게 되었고, 기사가 운전하는 자동차에서 전철과 걷기로 이동 수단을 바꾸면서 그전에는 보지 못했던 것들이 눈에 보이기 시작했다. 그러면서 자연스럽게 전에는 도전해볼 엄두도 내지 못했던 다양한 분야에 관심을 갖게 되고 직접 부딪쳐볼 수 있게 되었다. 이렇듯 변화는 아주 작은 것에서부터 시작된다.

변화를 즐기는 사람이 되기 위해 쉽게 실천해볼 수 있는 방법이 있다. 평소에 걷던 익숙한 길 대신 다른 길로 가보는 것이다. 누구나 익숙한 길을 걸을 때는 주변을 살피지 않는다. 하지만 다녀보지 않은 길에서는 주변을 살피게 된다. 보지 못했던 것들이 눈에 들어오고, 그 속에서 새로운 무언가를 발견하거나 생각지 못했던 아이디어를 얻기도 한다. 이렇게 시작되는 변화가 나중에 어떤 큰 변화로 이어질지는 아무도 모른다.

책을 읽을 때는
먼저 내게 무엇이 필요한지를 정확히 아는 것이 중요합니다.
구입해서 보관해두는 것도 중요합니다.
책의 가치가 새롭게 다가올 때가 있기 때문입니다.

책이
인간을 만들 때

이장우 박사가 REAL하게 살면서 가장 많은 시간을 함께하는 존재는 책이다. 그가 이동하는 모든 동선과 공간에 책이 있다. 책과 더불어 살아가는 그에게 책은 어떤 의미일까?

읽기와 더불어
반드시 해야 할 것

이장우 박사는 1년에 수백 권의 책을 읽는다. 그는 그 많은 책들을 어떻게 소화하는 것일까? 많이 읽는다고 다 좋을까? 혹시 필요 이상의 독서로 인해 책 한 권 한 권에 담겨 있는 본질을 간과하게 되지는 않을까?

일단 자신한테 무엇이 필요한지를 정확히 알고 빠르게 읽는 것이 중요합니다. 책을 읽으면서 필요한 부분을 순간순간 파악하는 것입니다. 모두 기록할 수는 없기 때문에 줄을 긋거나 낙서를 하고, 키워드를 적어놓습니다. 물론 새로운 분야의 책을 처음 읽을 때는 무엇이 필요한지 잘 모를 수 있습니다. 하지만 2권, 3권 읽어가다 보면 눈에 들어오기 시작합니다.

책 읽을 시간이 부족하다고요? 식상한 이야기일 테지만 책을 읽는데는 시간이 중요한 것이 아니라 의지가 중요합니다. 꼭 많은 분량을 읽을 필요는 없습니다. 짬이 날 때 잠깐씩 읽어도 좋습니다. 단, 책에 메모하는 습관을 들이는 것이 좋습니다. 메모를 해놓으면 후에 다시 그 책에서 정보를 찾을 때 효과적입니다. 자신에게 필요한 부분을 더 빨리 찾게 되고, 많은 시간을 아껴 일의 효율을 높일 수 있습니다.

초연결사회의 독서법

돌멩이를 냇물에 던지면 파장이 입니다. 책 읽기도 그렇습니다. 읽기 시작한 한 권의 책이 또 다른 책으로 이어지고, 그렇게 한 권의 책이 나를 바꾸고 인생을 바꾸게 됩니다.

그런데 지금은 책만으로는 안 되는 세상입니다. 초연결사회이기 때문입니다. 책 읽기에 더해서 검색이 필요합니다. 검색을 통해 연결이 안 되면 뒤처지기 때문입니다. 거기서 새로운 아이디어와 지혜를 만날 수 있습니다. 모바일 시대를 살고 있는 우리에게 검색과 연결은 어렵지 않은 일입니다. 지금 손에 들고 있는 스마트폰을 충분히 활용하기 바랍니다.

책은 이장우 박사에게 가족 같은 존재다. 어쩌면 가족 이상이다. 가족보다 더 많은 시간을 책과 함께 보낸다. 이 박사의 공간에는 언제나 책이 자리한다. 안방, 작은방, 거실, 화장실 등 모든 공간을 책에 내어준다. 그에게 책은 한시도 없어서는 안 되는 소중한 친구다. 커피숍에서도 책과 이야기하고, 버스나 전철을 이용할 때도 책과 소통한다. 그러면 그에게 가족 이상의 친구가 된 책들은 어떤 공통점을 가지고 있을까?

가치 있는 책은
무엇이 다를까

나쁜 책은 없다고 말하는 사람이 있다. 하지만 책의 가치는 다른 문제다. 세상에 나온 모든 책이 똑같은 가치를 지닌다고 할 수 없다. 독서광 이장우 박사는 책의 가치에 대해 어떤 시각을 갖고 있을까?

저에게 책은 언제나 가치 있는 존재입니다. 그중에서도 저는 새로운 무언가를 제시하는 책을 좋아합니다. 새로움이 없는 책에는 흥미가 떨어지는 것이 사실입니다. 그런데 아무리 유명한 책이라도 인사이트(insight)가 100%인 책은 없습니다. 30%만 전달되어도 매우 가치 있는 책이라고 할 수 있습니다. 보통의 책들은 평균 10%를 전달합니다. 90%는 대동소이합니다. 단지 10%가 다를 뿐입니다. 10%만 인사이트를 전달해도 괜찮은 책이 되는 것입니다.

책의 가치는 누가 어떻게 읽느냐에 따라서도 달라집니다. 어떤 책이 누군가에게는 삶의 등불이 되기도 하고, 그저 시간 때우기용이 되기도 합니다. 그러므로 읽는 이를 통해 책의 가치가 결정된다고 할 수 있습니다.

가치 있는 책은 아끼면서 천천히 읽지요

저는 책을 많이 읽는 것이 가장 중요하다고 생각합니다. 다양하게 많은 책을 읽다 보면 자연스럽게 책을 보는 자신만의 시각과 기준이 생깁니다. 자신에게 가치 있는 책에 대한 판단을 할 수 있게 되는 것입니다. 저는 책에서 새로운 것, 필요로 했던 것을 발견하면 말할 수 없는 감동을 느낍니다. 그런 책은 최대한 아끼면서 천천히 읽습니다. 빨리 끝나는 것이 너무나 아쉽기 때문입니다. 아끼며 천천히 읽는다는 것은 한 구절, 한 문장마다 생각할 시간을 충분히 가지며 읽는 것을 의미합니다.

책에 대한 시각이 180도 달라지는 순간

똑같은 책이라도 사서 보는 것과 빌려 보는 것에는 차이가 있다. 빌려 보면 지출을 줄일 수 있고, 많은 책들을 보관해야 하는 부담도 덜 수 있다. 하지만 이장우 박사는 빌려 보기는 좋은 방법이 아니라고 말한다.

저는 사람들에게 책을 직접 구입해서 보라고 말합니다. 언젠가 책이 완전히 다르게 보일 때가 오기 때문입니다. 책이란 자신이 처한 상황에 따라 평가가 달라질 수 있습니다.

저는 한 권의 책을 다 읽고 나서 제일 첫 장에 저만의 표시를 합니다. A$^+$에서 C까지 나름의 기준으로 평가를 하는 것이죠. 그런데 이 평가가 항상 그대로 유지되는 것은 아닙니다. 전에는 분명 B$^-$로 평가한 책이 었는데, 현재의 관심사나 연구 주제에 따라 A$^+$로 평가를 바꿀 때가 있습니다. 그 책이 꼭 필요한 순간이 되면 가치 평가도 180도 달라지는 것입니다. 물론 이런 평가의 변화는 관심이나 필요에 따라 그럴 수도 있고, 대충 볼 때와 찬찬히 볼 때의 차이일 수도 있습니다.

책을 사두어야 하는 까닭

저는 지금 당장 필요하지 않은 책들도 구입하는 편입니다. 앞에서 책을 읽는 데 시간이 중요한 것이 아니라 의지가 중요하다고 말했는데, 제가 당장 읽지 않을 책을 구입하는 것도 실은 이러한 의지를 굽히지 않으려는 노력의 일환입니다. 또한 책을 구입해놓으면 언젠가는 반드시 필요한 경우가 생깁니다.

저는 현재 관심 있는 분야의 책을 읽다가도 다른 분야에 대한 궁금증이나 호기심이 끊임없이 일어납니다. 그러면 즉시 구입해둔 책을 찾아 읽습니다. 그러면 전혀 상관없을 것 같은 책들이 연결되어 하나의 카테고리와 스토리로 만나게 됩니다. 다른 분야의 책들이 같은 분야의 책이 되는 것입니다. 이런 색다른 경험을 하면서 책은 미리 사놓아야 한다는 것을 절감하게 되었습니다.

스토리마케팅을 연구하면서도 그랬습니다. 연구를 시작하면서 전에 사둔 책들을 찾아보니 관련서가 30권이 넘었습니다. 먼저 이 책들을 토대로 자료를 정리했고, 연구를 진행하는 동안 더 필요한 내용들은 다른 분야의 책들에서 그때그때 보충할 수 있었습니다. 손이 닿는 곳에 책이 없었다면 연구에서 중요한 타이밍을 놓쳤을지도 모릅니다.

잊지 마세요. 나중에 필요할 때 책을 구입하면 된다는 생각으로 구입을 미루면 정작 필요한 순간에 그 책을 만나지 못하게 됩니다.

저는 책들을 안방, 거실, 부엌, 화장실, 서가 1, 서가 2 등 제가 활동하는 모든 공간에 보관합니다. 이 공간도 부족하다 보니 2중, 3중으로 쌓아둡니다. 때로 책을 찾느라 애를 먹기도 합니다. 분야별로 정리하기도 하지만 책이 너무 많이 쌓이다 보니 지금은 분류가 불가능할 지경에 이르렀어요. 저의 가방에도 늘 책이 들어 있습니다. 연구 중이거나 관심 있는 주제의 책들입니다.

결혼은 왜 하나요? 사랑하는 사람과 언제든지 함께할 수 있기 때문입니다. 책도 다르지 않습니다. 필요할 때 바로 찾아볼 수 있어야 합니다. 그래서 책은 늘 가까이 있어야 하는 것입니다.

인생의 로망을
발견하다

책과 관련해서 이장우 박사에게 꼭 묻고 싶었던 것이 있다. 수많은 책들 속에서 만난 숱한 사람들 중에서 가장 닮고 싶은 사람은 누구였을까?

《먹고 기도하고 사랑하라(Eat, Pray, Love)》라는 에세이책이 있습니다. 저자이자 책의 주인공이 인생의 균형점을 찾아 세 나라, 3I(Italy, India, Indonesia)를 여행하는 내용입니다. 첫 번째가 이탈리아, 두 번째가 인도, 세 번째가 인도네시아의 발리입니다. 책을 읽으면서 강한 느낌을 받았습니다. 주인공처럼 살고 싶다는 생각이 간절해졌습니다.

1980년대에 캐나다로 출장을 갔을 때 한 일본 아가씨를 만났는데, 《먹고 기도하고 사랑하라》의 주인공 같았습니다. 그녀는 곧 이탈리아로 떠날 거라고 했습니다. 이유를 물었더니 단지 이탈리아어를 공부하기 위해 간다고 대답했습니다. 놀랄 수밖에 없었죠. 이탈리아어를 배우기 위해서는 먼저 학원부터 찾을 거라고 생각하게 되는데 그 나라로 직접 배우러 간다고 하니 말입니다. 그때 받은 충격이 오랜 기억으로 남아 있습니다. 당시 저의 상식이나 수준으로는 도저히 상상할 수 없는 삶의 모습이었습니다. 그렇게 말하는 그녀가 너무 멋있었고, 그 책이 다시금 떠올랐습니다. 잠시 잊고 있던 책이 떠오르며 이후 제 삶의 로망이 되었습니다.

이장우 박사는 이미 자신이 꿈꾸는 주인공의 모습과 너무 닮아 있다. 주인공을 부러워하는 것을 넘어 그와 닮기 위해 노력하는 과정에서 이제는 스스로 주인공이 된 느낌이다.

아이디어가 필요한 당신에게
잡지를 권함

우리는 보통 잡지를 '가볍게' 생각한다. 시간 때우기용으로 여기는 경우가 대부분이다. 굳이 찾아 읽는다기보다는 그저 눈에 띄었을 때 잠깐 훑어보는 책이라고 생각한다. 그런데 이장우 박사는 한 달에 20~30권의 잡지를 읽는다. 도대체 이유가 무엇일까?

저는 잡지를 순서대로 속독하면서 전체를 봅니다. 하지만 제가 평소에 관심을 가지고 있는 브랜드, 여행, 아이디어, 사람에 관한 섹션을 발견하면 정독을 합니다. 특이한 부분에도 집중합니다. 그리고 생각하지 못했던 것들에 열광합니다. 그래서 저는 잡지를 즐겨 봅니다. 무엇이 튀어나올지 모르는 흥미로운 툴(tool)이기 때문입니다.

저는 잡지 안에서 아주 많은 것을 발견했습니다. 그중 기억에 남는 것은 물을 마신 후 물병도 함께 먹는 제품입니다. 일명 물병까지 먹을 수 있는 생수였습니다. 이 제품이 실용화되면 분명 대히트를 칠 것입니다.

저는 이렇게 잡지를 읽으면서 참신한 아이디어를 만나고 기록하여 보관해둡니다. 그리고 강의를 할 때나 인터뷰, 혹은 코칭을 하는 기업에서도 미팅 주제와 연관된다면 그 아이디어를 이야기합니다. 잡지를 통해 만난 참신한 아이디어가 새로운 스토리를 만들어내는 것입니다.

만화는 인간의
'그것'을 자극한다

이장우 박사는 어린 시절 학교 공부를 등한시할 정도로 만화에 푹 빠져 지냈다. 소년은 만화를 보면서 많은 공상을 하게 되었고, 만화는 오늘의 이장우 박사를 만든 중요한 자양분이 되었다.

어릴 적 저는 만화책에 등장하는 모든 주인공이 다 되어보고 싶었습니다. 만화책의 장르가 바뀔 때마다 되고 싶은 주인공도 함께 바뀌곤 했습니다. 이렇게 만화책은 저의 이상형을 만들어주고 무한한 상상력을 자극했어요. 저에겐 호기심의 천국이라 할 만했지요. 만화책을 본 날이면 항상 하늘을 날며 세상을 여행하는 꿈을 꾸었습니다. 때로는 만화책의 주인공이 되기도 하고요.

현대인들은 너무 체계적으로 살려고 합니다. 공상이나 상상할 수 있는 시간이 부족한 채 말이죠. 보다 충만한 삶을 위해 만화책에서 공상의 힘을 빌려올 필요가 있습니다.

저는 항상 스스로의 경계선을 지우려고 노력합니다. 경계선이 생기면 더 이상 도전하기 어려워지니까요. 경계선이라는 것은 스스로의 생각에 대한 경계를 만드는 것입니다. 경계선을 만들지 않으려면 끊임없이 생각해야 합니다. 때론 망상이 필요할 때도 있습니다. 그 순간 아이디어가 떠오르게 되고, 창의적인 사고가 발달하게 됩니다.

도전하려면 '선'이 없어야

제가 새로운 것에 도전한다고 하면 주변 사람들은 굉장히 심각하게 받아들이고 걱정을 하곤 합니다. 당사자인 저는 그리 심각하지도, 특별하게 생각하지도 않는데 말입니다. 차이가 뭘까요? 선(線)의 있고 없음입니다. 저는 선이 없을 뿐이고, 그들은 선을 긋기 때문입니다.

세상을 살면서 선이 있으면 힘들 때가 많습니다. '내가 이걸 왜 해야하지?', '득보다 실이 많지 않을까?' 이것저것 따지면서 선을 긋다 보면 더 힘들어지고 도전도 할 수 없게 됩니다. 저는 그런 선이 없기 때문에 어렵지 않게 도전하는 것입니다.

은행이나 미용실 등에 가면 잡지가 놓여 있다. 기다리는 시간에 심심풀이로 보라고 비치한 것이다. 보는 사람들도 별 생각 없이 잡지를 뒤적인다. 그 안의 내용을 그저 눈으로만 볼 뿐 자신만의 시각으로 보지는 않는다.

이장우 박사처럼 조금 다르게 보면 어떨까? 뭔가 새로운 것, 기발한것, 자신한테 도움이 되는 것을 찾아보려는 생각으로 잡지를 대하면 어떨까? 이장우 박사의 말처럼 생각지 못한 것에 감탄이 일어나고, 지금보다 더 나은 삶의 계기를 만날 수도 있지 않을까?

공부는 인생을 바꾸는 가장 확실한 방법입니다.
살아 있는 지식을 배우고, 새로운 것을 만나고,
지혜를 쌓아가는 끝없는 과정입니다.

왜, 어떻게
공부하는가

사람은 태어나서 죽을 때까지 공부한다. 무엇이든 지속적으로 반복하면 쉬워지기 마련인데, 공부는 그렇지도 않다. 공부는 끝이 없고 결과도 금방 나타나지 않는다. 게다가 남들과 경쟁도 해야 한다. 하지만 분명한 사실은 성장도, 성공도 공부 없이는 불가능하다는 것이다.

그래서 이 박사는 REAL하게 살기 위한 절대조건으로 공부를 강조한다. 집안 형편이 어려웠던 한 시골 소년이 글로벌 CEO가 될 수 있었던 것도 공부 덕택이었다. 그와 함께 공부 여행을 떠나보자.

공부를 지속하게
만드는 힘

이장우 박사는 지금까지 영어영문학, 경영학, 공연예술학, 디자인학 등에서 석·박사 학위를 취득했다. 그는 어떻게 배움을 지속해올 수 있었을까?

배움은 습관, 탐닉, 몰입인 것 같습니다. 다시 말해서 습관적 몰입입니다. 저의 공부 습관은 어릴 때 부모님으로부터 영향을 받았습니다. 부모님은 시골분이셨고, 집안 형편은 넉넉지 못했습니다. 하지만 어머니는 결혼반지를 파시면서까지 저를 대학에 보내주셨습니다. 자식 교육에 대해서는 누구보다 열정적이셨습니다. 회사에 들어가서는 정민영 본부장으로부터 영향을 받았습니다. 저는 그분이 주관하는 자기계발(self-development) 모임에 참석해야 했습니다. 매주 토요일마다 특정 주제에 대해 발표하고 의견을 나누었습니다. 그때는 그 시간이 정말 싫었습니다. 놀고 싶어서였습니다. 하지만 속으로 욕을 하면서도 어느 순간 저도 모르게 자기계발이 몸에 배게 된 것 같습니다.

잘 노는 사람이
공부도 잘한다

성공에 이르는 가장 빠르고 확실한 방법은 공부밖에 없다. 이는 인류의 역사를 통해 검증된 사실이고, 그래서 우리는 공부를 한다. 하지만 노력을 해도 당장 결과가 보이지 않기 때문에 중간에 쉽게 포기한다. 이장우 박사도 이를 인정한다.

저도 공부하기 싫을 때가 있습니다. 그런데 저는 남들과 다른 습관을 가지고 있습니다. 노는 걸 너무 좋아해서 일찍 일어납니다. 놀려고 일찍 일어나는 것입니다. 혼자만의 그 시간에 하고 싶은 걸 하면서 놉니다. 그리고 공부와 일을 시작합니다.

그런데 간혹 지칠 때가 있습니다. 그럴 때 그냥 주저앉아버리거나 해야 하는 일을 외면하면 바로 나태해집니다. 당연히 공부도 뒷전이 됩니다. 그래서 잘 노는 것이 중요합니다.

저는 수십 년간 일해오면서 쌓은 경험을 바탕으로 효율적인 업무 처리 요령을 터득했습니다. 그래서 생산성이 아주 높은 편입니다. 남들이 몇 달을 걸려 할 일을 단번에 처리하기도 합니다. 요령을 알고 필요한 자료가 어디에 있는지 빨리 찾을 수 있기에 가능한 것입니다.

많은 사람들이 제가 일하기를 좋아한다고 오해합니다. 하지만 노는 것보다 일하는 것을 좋아하는 사람이 있을까요? 저는 일을 하면서 행복을 느낀다고 자랑하는 사람을 의아하게 여길 만큼 일하는 것보다 노는 것을 좋아하는 사람입니다. 일하기보다 노는 것에서 더 큰 행복을 느끼는 게 정상입니다. 사실 이것은 당연한 논리라서 두말할 필요도 없습니다.

이장우 박사도 공부는 지루한 것이라고 이야기한다. 하지만 새로운 것을 만나는 순간 이야기가 달라진다. 새로운 것을 만나면서 지루함이 흥미로움으로 바뀐다는 것이다.

저는 지루해하는 시간이 길지 않았습니다. 항상 새로운 것이 나타났기 때문입니다. 그래서 우리에게는 새로움이 필요합니다. 반대로 똑같은 것을 단순 반복하면 지루해서 못하게 됩니다. 매너리즘에 빠지고 싫증이 납니다. 그래서 직장생활에서 지겨움을 느끼는 것입니다. 새로운 것을 찾으려는 노력을 멈추지 말아야 합니다. 노력이 없으면 새로운 것을 발견할 수 없습니다. 살아 있다는 느낌, 그것은 아무에게나 주어지는 선물이 아닙니다.

지식과 지혜의
상관관계

　　　　　　　　　　사람들은 지식이 많은 사람보다 지혜가 있는 사람을 좋아한다. 많이 알기보다 지혜로운 사람이 되어야 한다고도 말한다. 그래서 지식을 습득하듯 지혜를 섭취하려고 한다. 하지만 그게 가능할까? 스펙이 위력을 떨치는 현실에서 우리는 지식과 지혜의 관계를 어떻게 이해해야 할까?

　저는 지혜보다 지식이 먼저라고 생각합니다. 지식 없는 지혜는 형성 자체가 불가능하기 때문입니다. 그런데도 먼저 지혜를 갖겠다고 하는 사람들이 있습니다. 뜻대로 될 리가 없습니다. 게다가 어떤 분야를 공부하다가도 끝까지 못 가고 기본만 겨우 배우다가 끝내는 경우가 얼마나 많은가요. 본질을 익혀야 비로소 지혜를 터득할 수 있는데 말입니다. 커피의 본질을 모르는 사람이 커피 분야의 지혜를 가진 사람을 만난다고 무엇을 얻을 수 있을까요? 그것은 앞뒤가 바뀐 섣부른 생각입니다.

　진정한 지식은 현장에서 익히는 살아 있는 지식입니다. 학교에서 배우는 지식은 대개가 단편적이고 기능적인 지식에 불과합니다. 세상에 나와 몸으로 부딪치며 배워야 비로소 살아 있는 지식을 얻게 됩니다. 그래서 박사라는 학위도 본래는 학교에서 줄 수 없는 것일지 모릅니다. 이론과 실무를 겸비한 진정한 지식인에게 주어야 합니다. 50년 동안 현장에서 빵을 구운 분이 진정한 박사라는 이야기입니다. 이런 경험이 쌓여야 비로소 지혜가 나오는 것입니다. 살아 있는 지식 없이는 지혜를 가질 수 없습니다.

지금부터라도 세상으로 나가 살아 있는 현장의 지식을 쌓아야 합니다. 옛날에는 도를 닦기 위해 절로 들어갔지만, 지금은 세상에 나와 배우고 익혀야 합니다.

지혜의 샘물을 마실 수 있는 곳

많은 사람을 만나는 것도 중요합니다. 지금이 소셜(social)의 시대라고 하지만, 진정한 소셜은 사람을 직접 만나는 것입니다. 트위터 (Twitter)나 페이스북(Facebook), 인스타그램(Instagram)으로 주고받는 것이 소셜이 아닙니다. 저는 SNS로 30만 명과 소통하지만, 진정한 소셜을 만들기 위해서 직접 만나고 대화합니다. 직접 만나야 살아 있음을 느끼고 지혜를 얻을 수 있습니다. 이것이 공감의 힘입니다.

지혜가 많다는 것은 공감의 힘이 강하다는 것, 즉 공감력이 좋다는 것입니다. 우리가 전문가를 직접 찾아가고 강연을 들으러 다니는 것도 알고 보면 모두가 공감력을 키우기 위한 것입니다. 세상에는 공짜가 없습니다. 현장에 가서 전문가를 만나고 사람들과 교류하는 사람만이 지혜의 샘물을 마실 수 있습니다.

살아 있는 지혜를 깊게 하려면 학문적 지식을 계속 빨아들여야 합니다. 인간의 지혜는 죽을 때까지 얼마든지 심화, 확장될 수 있습니다. 그러기 위해서는 학문의 도움을 받아야 합니다. 학문은 온갖 지식과 경험과 성찰의 총합이기 때문입니다.

창의력 또한 마찬가지입니다. 나날이 진화할 수 있습니다. 저의 창의력은 어제보다 오늘이 훨씬 낫습니다. 계속 보고, 만나고, 공부하고, 깨달으면서 쌓은 지혜들이 핵분열을 일으키기 때문입니다.

세상살이는 결코 호락호락하지 않습니다.
이를 극복하려면 인생에 선을 긋지 말아야 합니다.
인생은 입체적이고 비선형적이니까요.

삶을 힘들게 하는 '부정'에 대처하는 법

REAL하게 살아가려고 노력하다 보면 예기치 않은 순간이 찾아온다. 인기척도 없이 우리를 급습하는 '부정'의 출현이다. 부정의 감정과 생각들이 불쑥불쑥 고개를 들어 우리 삶을 옥죄고 오염시키며, REAL하게 살지 못하도록 방해한다. 우리 모두가 부정을 대하는 자세를 진지하게 고민해야 하는 이유다.

단점은 문제가 아닌
인간의 권리

성공한 사람들의 이야기에는 주로 밝은 면만 보인다. 성공이라는 결과에 주목하기 때문이다. 성공하기까지의 진솔한 이야기, 즉 본질은 드러나지 않는 경우가 많다. 그래서 우리는 성공한 사람들을 부러워할 뿐 그들의 스토리 속에 내재된 본질을 보지 못하는 실수를 범한다. 성공 DNA를 제대로 알지 못하는 것이다.

이장우 박사에 대해서도 마찬가지다. 사람들은 그의 성공에만 주목한다. 물론 그의 성공 스토리에서 많은 것을 배울 수 있지만, 그의 본질에 닿기는 어려울 것이다. 이장우 박사는 이에 대해 어떻게 생각할까?

저는 단점이 있습니다. 한둘이 아닙니다. 하지만 그것에 집착하지 않습니다. 모든 일이 자연스럽게 흐르는 걸 좋아합니다. 지나치게 고민하고 번뇌하는 것을 좋아하지 않습니다. 단지 내가 하면 된다는 믿음을 가지고, 지금 당장 하는 편입니다. 단, 안 되는 것은 포기할 줄도 압니다.

먼저 할 수 있는 데까지는 최선을 다해야 합니다. 그래도 되지 않으면 포기도 할 수 있어야 합니다. 포기도 일종의 기회이기 때문입니다. 포기할 때 포기해야 다른 기회가 생깁니다. 따라서 포기할 때는 과감해야 하며, 절대 후회하지 말아야 합니다. 단, 포기의 전제 조건으로 반드시 대안이 있어야 합니다. 그냥 포기해서는 안 됩니다.

사람들은 누가 포기했다고 하면 실행력이 없는 사람이라고 단정하곤 합니다. 그의 입장을 모르기 때문에 주관적으로 해석하는 것입니다. 그래서 포기를 잘해야 합니다. 패배자로, 낙오자로 낙인이 찍힐 수 있기 때문입니다. 낙인이 찍히면 극복하기가 쉽지 않습니다.

인생은 비선형적이다

재미있는 사실은 인생의 주인공은 나인데, 현실의 결정은 다른 사람이 한다는 것입니다. 평가도 내가 아닌 다른 사람이 하고, 월급을 주는 사람도 다른 사람입니다. 그래서 세상은 내가 생각하는 것보다 훨씬 복잡하고 호락호락하지 않습니다. 어떻게 하면 좋을까요?

이를 극복하려면 입체적이며 비선형적인 인생에 선을 긋지 말아야 합니다. 예를 들어 제가 회사에 입사를 했다고 가정해보겠습니다. 사원 몇 년, 대리 4년, 과장 5년, 그리고 수년 후에 부장으로 승진하는 전형적인 과정만 있다면 평면적이고 선형적인 재미없는 인생일 것입니다. 하지만 인생은 종종 생각지도 못한 일들이 벌어집니다. 더 큰 기업에 스카우트가 되기도 하고, 젊은 나이에 사장이 되기도 합니다. 그 반대인 경우도 생깁니다. 이처럼 우리 인생은 비선형적입니다. 그런데 여기에 선을 긋고 산다면 어찌 될까요? 좋은 일도 그렇지 않은 일도 받아들이기 쉽지 않을 것입니다. 힘든 인생이 될 것입니다. 인생의 진정한 묘미를 알 수 없게 될 것입니다.

인생은 선형적이지 않다고 했지요? 이는 사람의 장단점에도 그대로 적용됩니다. 누군가에게 장점만 있다면 어떨까요? 본질적으로 그럴 수도 없지만, 사람은 단점이 있어야 매력이 있습니다. 장점만 있는, 완벽해 보이는 사람에게서는 매력을 느끼기 힘듭니다.

단점은 또한 인간으로서 누릴 수 있는 권리이자 가능성이기도 합니다. 그래야 노력도 하고, 반성도 할 수 있으니까요. 이것이 인생입니다. 무결점으로 순탄하게 사는 인생은 인생이 아닙니다. 멋있어 보일 수도 있겠지만, 적어도 자기한테는 아닌 법입니다.

단점이 있어 우리는 자신을 돌아보고 더 노력하게 된다. 그렇게 보면 단점은 극복하거나 감춰야 할 어떤 것이 아니라 오히려 드러내서 자기성장의 계기로 삼아야 할 고마운 대상이다. 암기력이 뛰어난 사람은 영어 단어를 많이 보지 않는다. 한두 번만 봐도 입력되기 때문이다. 하지만 암기력이 부족한 사람은 쉬지 않고 영어 단어를 써보고 말하게 된다. 반복하는 것이다. 종국에는 암기력이 약한 사람이 뛰어난 암기력을 자랑하는 사람을 이기게 된다. 그렇게 단점은 장점으로, 오히려 권리가 된다.

집착하지 말고
요청하라

좋은 과거이건 그렇지 않은 과거이
건 과거는 향수로 남는다. 향수는 자꾸만 현재를 사는 우리에게 과거
를 떠올리게 한다. 우리의 마음속에 과거로 돌아가고 싶어 하는 시계
가 존재하기 때문이다. 문제는 집착이다. 향수와 반성을 넘어 과거에
얽매이거나 이미 지나간 과거를 고치려 하는 순간 문제가 발생한다.
그러면서 푸념을 늘어놓기도 한다.

과거에 대한 집착은 대부분 현재에 대한 불만에서 비롯된다. 현재
가 만족스럽지 않기 때문에 과거에서 보상을 받거나 과거로 도피하고
싶은 욕구가 올라오는 것이다.

삶은 한 번이기 때문에 멋있는 것

저는 저 자신에게도, 사람들에게도 '현재를 살라'고 말합니다. 지금
이 순간에 충실하라는 거죠. 힘들면 힘든 대로, 좋으면 좋은 대로 지금
을 살라고 말이지요. 매일 불행할 수 없고 항상 행복할 수 없다는 걸 알
기 때문입니다.

저는 평생 은행빚을 지고 살았습니다. 이사도 여러 번 다녔습니다.
1년에 2번 쫓겨난 적도 있었습니다. 하지만 지금은 행복합니다. 적잖
이 이룬 것도 있고, 무엇보다 이 순간이 소중하기 때문입니다. 그래서

저는 돌아가고 싶은 마음이 없습니다. 두 번 산다면 절대 갖지 못할 마음입니다. 삶은 한 번 살 때 멋있는 것입니다.

저는 대학을 졸업할 즈음 5개 회사에서 합격 소식을 들었습니다. 저의 최종 선택은 동아건설이었습니다. 영어영문학을 전공했고 해외자재구매과에서 근무하는 꿈을 가지고 있었기에 선택했습니다. 그런데 부서 배치는 노무관리과였습니다. 실망해서 회사를 그만두었습니다. 한순간에 실업자로 전락하고 말았지요. 입을 것, 먹을 것을 해결할 길이 막막했습니다. 제 인생에서 가장 힘든 시기였습니다. 하지만 저는 당장의 생계 때문에 노심초사하지 않았습니다. 길게 보려고 10년 후의 제 모습을 상상했습니다. 그랬더니 신기하게도 마음이 편해졌습니다. 그간의 힘든 순간들이 잊혀지는 것이었습니다.

지금 당장 힘들다고 그것에 빠져버리면 안 됩니다. 그러면 미래가 보이지 않습니다. 좀 더 멀리 길게 봐야 합니다.

살다 보면 누구에게나 힘든 순간이 찾아온다. 현실의 벽에 부딪히는 것이다. 현재를 살고 있는 많은 사람들이 현실의 벽에 부딪혀 힘들어하고 있다. 그럴 때일수록 한발 물러서서 미래를 볼 수 있어야 한다.

여기에 더해 요청할 줄도 알아야 한다. 혼자 끙끙대며 힘들어하지 말고 도와달라고 말할 수 있어야 한다.

Ask For It

'Ask For It'이라는 말을 〈포춘(Fortune)〉 잡지에서 읽었습니다. 그리고 바로 실천해보았습니다.

힐튼호텔(Hilton Hotel)로 외국 손님을 모셔다 드릴 때였습니다. 그런데 입구에 차량이 많아 결국 호텔 안까지 들어오게 되었습니다. 주차비를 지불해야 하는 상황이었습니다. 저는 직원에게 자초지종을 설명하며 주차비를 면제해달라고 부탁했습니다. 그렇게 해서 주차비를 지불하지 않아도 되었습니다. 물론 큰돈은 아니었지만 부탁하지 않았다면 그대로 주차비를 내야 했을 것입니다.

사람들은 요청하기를 꺼리는 경향이 있습니다. 거절당할까 봐 두려워서입니다. 하지만 요청하면 이루어집니다. 사람에겐 요청하는 사람을 도와주려는 속성이 내재되어 있습니다.

저는 사장이 될 때도 스스로 저를 사장으로 뽑아달라고 회사에 요청했습니다. 회사는 처음에 호의적이지 않았습니다. 제 직급이 부장이었기 때문입니다. 회사는 최소한 전무 정도는 되어야 한다고 생각했습니다. 하지만 결국 저의 바람이 이루어졌습니다. 계속해서 이야기하고 미국의 동료들이 저를 추천해준 덕분에 39세의 젊은 사장이 될 수 있었습니다. 지금도 잊을 수 없는 최고의 순간입니다.

우리에게 과거는 다양한 빛깔로 남아 있다. 절망과 희망, 고난과 환희 등으로 저마다의 기억에 잊을 수 없는 빛깔로 저장되어 있다. 이로부터 자유로워진 사람도 있고, 그렇지 못한 사람도 있다. 그런데 이런저런 이유로 과거에 집착하는 이들이 의외로 많다. 그만큼 과거는 질기고 강한 끈이다. 어떻게 해야 할까?

과거는 과거일 뿐입니다. 하지만 여기서 자유롭기는 쉽지 않습니다. 특히 우리나라처럼 과거 지향적인 문화가 강한 곳에서는 트라우마(trauma)를 극복하는 일이 여간 어려운 게 아닙니다. 그렇기 때문에 트라우마에서 벗어나지 못하는 사람을 나쁘다고 탓할 수 없습니다. 그렇지만 어떻게 해서든 벗어나야 합니다. 현재를 살아야지 과거를 살 수는 없는 노릇이니까요. 그래서 미래를 보는 것이 중요합니다. 미래를 봐야 어렵고 괴로운 현재를 견디면서 계속해서 걸어나갈 수 있기 때문입니다.

쓰라린 경험은 우리에게 포기를 종용하고, 환희의 순간은 우리에게 거만함을 선물한다. 과거는 이렇듯 현재에 영향을 미치게 되는 것이다. 하지만 이장우 박사는 싫든 좋든 과거는 과거일 뿐이라고 딱 잘라 이야기한다. 앞을 향해 나아가려면 미래를 봐야 한다고 말한다.

성공한 사람이
부러워하는 사람

앞이 캄캄한 시절이 있었다. 한순간에 무너진 집안 환경은 감당하기 힘든 고통이었다. 단칸방에 빚쟁이들이 몰려와 갖은 협박을 하던 모습은 다시 떠올리기 싫을 정도로 무서운 기억으로 남았다. 8학군에 거주한다는 이유로 강남의 어느 고등학교에 들어갔지만, 가난한 학생이 다니기에는 너무 버거운 학교였다. 돈이 없다는 이유로 알게 모르게 차별을 받아야 했던 그때, 돈 많은 사람들을 선망했다. 돈 걱정 없이 다니는 동창들이 부러웠다.

세상에서 이루고 싶은 것을 다 이룬 것 같은 사람은 어떨까?

저는 지금까지 누구를 부러워한 적이 별로 없습니다. 어릴 적 집안 형편이 어려울 때도 그랬습니다. 물론 부모님의 지극한 정성 덕분이었을 겁니다. 현재도 그렇습니다. 저는 이른바 출세한 사람들을 수없이 만나보았습니다. 심지어 대통령과도 교류를 해보았고, 재벌들과도 많이 만났습니다. 지금도 잘나가는 기업가들과 일을 하고 있습니다. 하지만 단 한 번도 그들을 부러워해본 적이 없습니다. 하지만 딱 하나, 예외인 사람이 있습니다. 공부를 많이 한 학자입니다.

자본주의사회에서는 돈 많은 사람들이 최고입니다. 하지만 많은 돈을 가지고 무엇을 할 수 있을까요? 돈 많은 사람들이 할 수 있는 것은 생각보다 많지 않습니다. 좋은 차를 사고, 여행을 다니고, 좋은 음식을 먹는 것, 단지 그뿐입니다. 물론 보통 사람들에겐 부러운 모습일 수 있겠지요. 하지만 좋은 음식도, 고급 차도 그들에겐 일상에 불과합니다.

행복은 상대적입니다. 우리는 하나를 채우고 나서 그다음 단계로 나아갈 때 보람과 행복을 느낍니다. 하지만 부유한 사람들에겐 더 이상 채워질 것이 없습니다. 재산이 10조인 사람은 1조가 늘어도 행복하지 않습니다. 그러나 재산이 1억인 사람은 2,000만 원만 늘어도 너무 행복한 것입니다. 돈이 많은 사람은 그렇지 않은 사람에 비해 행복감이 적습니다.

재산이 많은 사람은 스트레스가 엄청납니다. 재산을 지키고 관리해야 하기 때문입니다. 하지만 학식이 풍부한 사람은 다릅니다. 학생들을 비롯해서 사람들과 얼마든지 나눌 수 있습니다. 많이 나눌수록 행복감도 커집니다. 그래서 저는 오래전부터 공부를 많이 한 사람이 부러웠습니다.

하나하나 채워가는 과정이 행복이다. 때문에 아직 갖지 못했거나 부족한 것이 많다는 것은 그만큼 채워나갈 게 많아 행복해질 가능성이 있다는 의미일 것이다. 또한 하나를 채우고 다음 단계로 나아가는 데서 우리는 또 다른 행복감을 느낄 수 있다. 그리고 상대적 비교를 통해 위축되거나 고통을 느끼기보다 지금보다 더 나아지려고 노력하다 보면 이미 이룬 사람들보다 더 큰 행복을 누릴 수 있을 것이다. 이렇듯 행복이라는 것은 어떤 기준선에 놓고 보느냐에 따라 누구나 충분히 맛볼 수 있는 감정이다.

슬럼프와 콤플렉스를
이기는 법

　　　　　　　　　　치열한 경쟁에서 우리는 남보다 앞서가기 위해 많은 노력을 기울인다. 하지만 어느 순간 나보다 앞서가는 경쟁자들을 발견하고는 힘이 빠지고 막막해진다. 일도 뜻대로 되지 않고 의욕도 없어지면서 전보다 더 못한 상황에 빠진다. 슬럼프다. 한번 슬럼프에 빠지면 쉽게 빠져나올 수도 없다. 이장우 박사는 어땠을까?

저는 특별히 슬럼프에 빠졌다고 생각했던 시절이 없습니다. 우울증이나 갱년기도 아직까지 느껴본 적이 없는 것 같아요. 아마도 늘 새로운 것들과 함께하는 생활을 하다 보니 그랬던 것 같습니다. 하지만 누구나 자기 생각대로 되지 않으면 일시적이든 장기적이든 슬럼프에 빠질 수 있습니다. 그렇더라도 포기하지 않고 계속 해나가는 것이 중요합니다. 슬럼프라는 것은 자신의 실력을 발휘하지 못하고 저조한 상태

147

를 이야기합니다. 이는 의식할수록 더욱 힘들어질 뿐입니다. 슬럼프를 의식하지 말고 평정심을 가지고 꾸준히 노력하면 어느 새 더 나아진 자신을 발견하게 됩니다.

매 순간 설렘을 품는 것도 중요합니다. 지난번과 달리 이번엔 잘할 수 있겠다는 마음으로 말이지요.

저는 새로운 사람을 만나는 것 자체가 설렙니다. 예고도 없이 기발한 아이디어를 들고 오는 사람이 있습니다. 어떤 기획사가 갑자기 사업을 함께 해보자고 제안하기도 합니다. 이 모든 것이 저에겐 설렘으로 다가옵니다.

어떤 분은 저에게 바쁜 스케줄 속에서 갑작스러운 만남이 짜증나지 않냐고 물어봅니다. 그렇지 않습니다. 제 마음만 열려 있으면 되는 겁니다. 모든 만남이 아이디어가 될 수 있습니다. 사람들은 제가 아이디어닥터이니까 모든 걸 다 한다고 생각하지만, 아닙니다. 단지 아이디어를 큐레이션하는 능력이 있을 뿐입니다. 그래서 저는 '열린 자신감(open confidence)'이라는 말을 씁니다. 고정관념을 버리고 마음을 열어 적극적으로 받아들이는 것입니다.

마음을 연다는 것은 어떤 의미일까? 경쟁에 시달리며 슬럼프에 빠지기도 하고 온갖 콤플렉스에 시달리기도 하는 보통 사람들에게 마음을 열라고 하는 말은 너무 과한 요구가 아닐까?

인간은 누구나 콤플렉스 덩어리입니다. 자신의 부족한 것에 대해 불만을 느끼는 탓입니다. 실은 저도 자라온 환경이 콤플렉스였습니다. 하지만 콤플렉스도 긍정적으로 작용할 수 있습니다. 물론 극복해야 가능한 일입니다. 극복하면 마음이 열립니다.

콤플렉스를 극복하지 못한 사람은 타인을 억압하고 싶어 합니다. 자신이 갖고 있는 지위와 권력으로 타인을 억누르려고 합니다. '내가 누군데 말이야' 하며 자신의 콤플렉스를 왜곡되게 표출하는 것입니다.

진정한 대가의 마음

처음 출가하신 스님은 고기와 술을 접하면 안 됩니다. 경지에 도달하지 못했기 때문입니다. 하지만 어느 정도의 경지에 도달하면 상관이 없습니다. 무엇에도 현혹되지 않기 때문입니다. 대가들은 어떤 유혹이나 속박에도 초연합니다. 지위나 계급, 빈부를 따지지 않습니다. 마음이 열려 있기 때문입니다. 열린 마음으로 항상 배움을 추구합니다.

저는 많은 분들을 만나오면서 생각이 바뀌고 말의 내용도 달라졌습니다. 예전에는 학자 같은 이야기를 주로 했는데, 어느 순간부터는 보다 현실적인 이야기를 하게 되었습니다.

제가 보기에 요즘에는 경쟁자들의 수준이나 능력에 거의 차이가 없습니다. 도토리 키 재기입니다. 회사에 합격한 사람과 불합격한 사람의 차이가 거의 나지 않는다는 말입니다. 그래서 자기만의 무언가를 갖추는 것이 그 어느 때보다 중요해졌습니다.

My Way를 찾아서

힘든 환경 속에 몰려 있는 청춘들에게 실질적으로 무언가를 해주기란 어렵습니다. 환경 자체를 바꾸지 않는 한 말이지요. 그러나 한 가지 조언을 한다면, 하루 빨리 'My Way'를 찾으라는 것입니다. 현재 상황이나 위치에 매몰되지 말고 나의 길을 찾아야 합니다. My Way를 찾지 못하고 자꾸 다른 이의 기준에 맞추거나 비교하려 들면 자신만 괴로워집니다. 스스로도 불만스럽고 삶이 피곤해서 못 살게 됩니다. 하지만 My Way가 생기면 이야기가 달라집니다.

저는 대기업 임원들이나 고위 공직자들과 만날 때 저에 관한 이야기를 꺼내지 않습니다. 업무 이야기만 합니다. 물어보지 않는 이상 그들에게 제가 어떻게 산다고 이야기하지 않습니다. 그런데 간혹 자신의 삶을 자랑하듯 이야기하는 이들이 있습니다. 그 순간 자리가 불편해지고 미팅은 엉망이 됩니다.

자기 인생을 살면 그뿐입니다. 굳이 타인에게 이야기할 필요도, 기죽을 필요도 없습니다. 타인에게 폼 잡거나 드러내려 하지 말고 자신만의 삶을 살아가면 만족한 삶이 될 수 있습니다. 적어도 불만스럽지 않게 살아갈 수 있습니다.

슬럼프나 콤플렉스에서 벗어나는 길의 시작은 존재 그대로를 인정하는 것이다. 일부러 회피하거나 왜곡하려 들면 트라우마가 되어 더 깊은 수렁에 빠지게 된다. 현실을 받아들이고, 마음의 문을 활짝 열어 설렘과 자신감을 가지고 배우는 자세로 노력해나간다면 반드시 원하는 상태에 도달할 수 있다.

좋은 배경을
넘어서려면

'개천에서 용 났다'는 말은 어느덧 희미한 과거가 되어버린 듯하다. 아직도 노력으로 배경을 이길 수 있다고 말하는 사람이 있지만, 그렇게 말하면 비현실적인 이야기 하지 말라는 말이 금세 튀어나온다. 이런 현실 때문에 시작도 해보지 않고 꿈을 꺾는 이들이 많다. 이와 관련하여 이장우 박사에게 조언을 부탁했다.

사실 예전에는 사람들 대부분이 비슷한 배경, 거의 같은 환경에서 살았습니다. 거의 전부가 개천에서 시작했다고 해도 과언이 아닙니다. 집안 배경이 좋고 부자인 사람은 소수에 불과했습니다. 하지만 지금은 전혀 다른 상황입니다. 일단 개천이 줄어들었고, 큰 강에서 용이 나오는 경우가 비일비재합니다. 그렇다고 개천에서 용이 나올 수 없다는 것은 아닙니다. 인생은 비선형적이기 때문입니다. 만약 인생이 선형적이라면 과연 제가 사장이 될 수 있었을까요? 중요한 것은 예나 지금이나 본인 스스로 희망을 꺾으면 안 된다는 것입니다. 안 되더라도 포기하지 말고 끝까지 물고 늘어져야 합니다.

이제는 성공이라는 개념도 바뀌었습니다. 저희 때의 성공은 무조건 출세였지만, 현재는 자신의 삶을 사는 것이 성공이고 행복입니다. 다시 말해서 행복한 것이 곧 성공이라는 말입니다.

지금은 공급과잉의 시대입니다. 그만큼 개천에서 용 나기가 더 힘들어졌습니다. 기업의 고용 수요가 공급보다 많았던 상황에서는 개천에서 용 나기가 상대적으로 수월했습니다. 하지만 상황이 180도 달라졌습니다. 수요보다 공급이 많고, 대부분 일도 잘하고 똑똑합니다. 출신 학교들 간의 차이도 많이 나지 않습니다. 점점 더 경쟁이 심해질 수밖에 없는 구조입니다. 이러한 현실을 먼저 받아들이고 출발해야 합니다.

이제는 독자적 능력이 필요합니다. 박사만 따면 성공이 보장되던 시대는 지났습니다. 미국에서는 이미 박사학위를 취득하고도 3D업종에서 일하는 경우를 쉽게 찾아볼 수 있습니다. 우리나라도 마찬가지입니다. 박사 실업자가 넘쳐나면서 연봉 2,000만 원도 받지 못하는 사람들이 즐비합니다. 박사보다도 독자적 능력이 절실한 시대입니다.

한편 사회적으로 보면, 어느 사회나 성공한 사람들이 사회에 기여

하지 않아 갈등이 심해지는 측면이 있습니다. 철저한 이익 중심의 자본주의가 낳은 폐해입니다. 그래서 어느 정도 사회주의적 요소가 필요하기도 합니다. 사회를 생각하는 마인드가 요구된다는 이야기입니다. 그렇지 않으면 우리 사회가 무너져내릴 수 있습니다.

그렇다면 이런 현실에서 조금이라도 행복해지는 방법은 무엇일까요?

명사적 사고에서 형용사적 사고로

우리는 지금까지 명사적 사고에 집착해왔습니다. 명사적 사고란 자동차, 아파트, 고급 브랜드 등 특정한 단어를 중요하게 여기는 것을 말합니다. 삶의 목표가 이런 단어들에게 집중되어 있다 보면 삶이 팍팍해지는 것은 당연합니다. 명사적 사고는 우리를 목표지향적으로 만듭니다. 물론 인생의 목표가 중요하지만 이것이 중심이 되어서는 안 됩니다. 우리가 성공을 금전적으로 부유해지는 것이라고 생각하는 것도 이와 같은 목표지향적인 명사적 사고에서 기인합니다.

저는 많은 사람들이 형용사적 사고를 가지기를 바랍니다. 형용사적 사고는 사물의 상태를 나타내는 것에 중점을 둔 사고입니다. 즉, 현재의 삶에 대해 생각할 수 있도록 합니다. 저는 성공을 행복함을 느낄 수 있는 것이라고 이야기한 바 있습니다. 현재가 행복하지 못하다면 성공을 이룰 수 없는 것입니다. 제가 지금까지도 대중교통을 이용하는 것도 형용사적 사고에서 비롯됩니다. 만약 제가 명사적 사고를 가지고 있었다면 기사를 대동한 고급 외제차에 집착했을지 모릅니다. 하지만 저는 대중교통을 이용하며 사회 곳곳의 아이디어를 만나는 것이 행복합니다. 무조건적으로 목표지향적인 삶이 그렇지 않은 삶에 비해 나쁘다는 것은 아닙니다. 다만 작은 인식의 변화가 지금을 행복하게 할 수 있음을 잊지 않았으면 합니다.

또 우리는 너무도 쉽게 남에게 충고하고 조언합니다. 자신의 생각이 옳다고만 여기고 그 생각을 강요하거나 다른 사람들이 틀렸다고 주장하곤 합니다. 분명 다름과 틀림의 차이를 알고 있음에도 우리는 다름을 틀림으로 받아들이고 있는지 모르겠습니다. 하지만 세상을 행복하게 살기 위해서는 이렇듯 다른 사람들이 틀렸다고 주장하는 습관부터 버려야 합니다. 강요해서도 안 됩니다. 다름을 받아들이지 못하는 사회는 어느 한쪽의 의견을 무시하기 마련이고, 이는 결국 자신도 불행해지는 원인입니다.

극심한 경쟁에 시달리는 우리는 우월한 배경과 특별한 환경을 가진 경쟁자들을 보면서 이내 무력감에 빠지곤 한다. 하지만 이장우 박사는 스스로 희망을 꺾지 말라고 이야기한다. 현실을 받아들이고 성공의 개념을 바꾸어 독자적 능력을 개발하라고 조언한다. 그 속에서 얼마든지 행복을 느낄 수 있고, 그렇다면 그것이 바로 성공한 삶이라고 이야기한다.

인생은 비선형적이다. 비선형적인 인생에서 자기 삶을 사는 것, 이것이 바로 REAL한 삶이다.

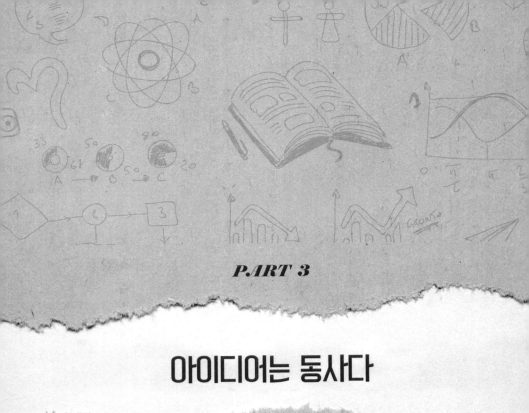

PART 3

아이디어는 동사다

REAL을 창조하는 여행

아이디어(idea)는 REAL을 창조하는 시작점이다.
이장우 박사는 아이디어를 발견하고
큐레이션하여 전혀 새로운 작품을 만들어낸다.
이장우 하면 가장 먼저 떠오르는 아이디어,
그 신비한 세계에는 무엇이 있을까?

아이디어는 때로는 장미로 때로는 우산으로 우리 곁에 존재합니다.

이를 발견하기 위해서는 3개의 눈이 필요합니다.

새의 눈, 곤충의 눈, 물고기의 눈을 가져야 합니다.

아이디어 라이프

성공한 사람들, 세상을 바꾼 사람들에게는 공통점이 있다. 차별화된 자신만의 아이디어가 있었다는 점이다. 그들은 독특한 아이디어로 세상이 놀랄 만한 혁신적 결과물을 내놓았다. 아이폰을 만든 스티브 잡스가 대표적 인물이다.

이장우 박사와 함께 이 시대를 움직이는 단어, 아이디어의 전모를 들여다보기로 한다.

아이디어는
어디에 있을까

"가는 모든 곳에서 아이디어와 만난다." 이장우 박사는 어디에서 아이디어를 얻느냐는 질문에 항상 이렇게 대답한다. 어떻게 그가 가는 곳에는 그토록 아이디어들이 가득한 것일까? 흡사 마르지 않는 샘물처럼 아이디어가 솟아나는 것 같아 보이기도 한다. 정말 그럴까?

새의 눈, 곤충의 눈, 물고기의 눈

아이디어를 만나려면 3개의 눈이 중요합니다. 모든 것을 크게 보는 새의 눈, 모든 것을 세심하게 관찰하는 곤충의 눈, 흐름과 변화를 파악할 수 있는 물고기의 눈이 필요합니다. 저는 지금까지 3개의 눈을 가지고 다양한 경험을 해왔습니다. 제가 시작한 커피토크(coffee talk)도 3개의 눈으로 바라보았기에 아이디어가 떠올랐던 것입니다. 커피에 대해 관심을 가졌을 때 커피시장의 미래가 밝을 것이라 생각했습니다. 다른 것은 제쳐두고 커피와는 전혀 아무런 연관이 없던 저조차도 커피를 배우고자 한다면, 더 많은 사람들이 커피에 대해 관심을 가지지 않을까라는 생각이 들었던 것입니다. 물론 이런 생각이 틀렸을 수 있겠지만 직접 공부하고 경험해가면서 커피시장이 더욱 커질 것이라는 확신을 갖게 되었습니다. 그렇게 시작한 커피 공부에 경험이 쌓이면서 아이디어를 발견하는 요령을 체득할 수 있었습니다. 다시 말해서 학습지능을 갖게 된 것입니다.

아이디어를 발견하는 과정은 오랜 세월이 걸리는 인내의 시간입니다. 기다릴 줄 알아야 합니다. 짧은 시간에 성급히 이루려고 하면 실패하고 맙니다.

아이디어를 가장 많이 발견하는 장소

제가 가는 모든 곳이 아이디어 장소(Idea Place), 아이디어가 나오는 장소입니다. 특히 목욕탕은 최고의 장소입니다. 목욕탕에는 생각을 방해하는 어떤 것도 없습니다. 오로지 저 자신만 존재할 뿐입니다. 그래서 일상에서 나오지 않는 세타파(theta wave)가 방출되며, 그 순간 아이디어가 무수히 떠오르기 시작합니다.

아이디어를 발견하기 위해서는 머릿속에 다양한 지식을 저장해야 합니다. 매일매일 학습하고 훈련하여 저장하는 만큼 아이디어가 만들어집니다. 저는 하루를 마무리하는 목욕탕 속에서 그날 저장했던 지식들을 큐레이션합니다. 그 순간에 아이디어가 나오게 됩니다.

저는 생각하기 전에 먼저 자료를 찾아보는 습관이 있습니다. 학습하는 것이고, 이는 곧 남의 아이디어를 보는 것입니다. 이러한 노력을 반복하다 보면 어느 순간 아이디어의 정점을 만나게 됩니다. 물론 정점으로 갈 때까지는 노력의 시간이 필요합니다.

저는 아이디어를 도출하는 방법과 관련하여 S-D-W(Sponge-Digest-Weave) 프로세스(Process)를 만들었습니다. 스펀지처럼 정보와 지식을 빨아들이는 S(Sponge) 단계, 빨아들인 정보와 지식을 자신의 것으로 체화하는 D(Digest) 단계, 그리고 이를 통해 얻은 아이디어로 새로운 세계를 만들어내는 W(Weave) 단계를 거치는 것입니다.

예를 들어보죠. 저는 커피토크를 진행하기 위해 커피를 공부하고 전문가를 찾아가 도움을 얻습니다(Sponge). 그리고 배워서 알게 된 커피의 세계를 저의 것으로 만들기 위해 복습하고 생각합니다(Digest). 이 단계를 거치면 서서히 커피가 저에게 다가오기 시작합니다. 그리고 커피토크를 진행해야겠다고 결심했습니다(Weave). 색다른 커피의 세계를 만들어보고 싶었고, 실제 실행으로 옮겨 지금까지도 커피토크를 해오고 있는 것입니다. 이어서 저는 S-D-W 프로세스를 바탕으로 치즈토크(Cheese Talk), 비어토크(Beer Talk), 드림토크(Dream Talk), 트래블토크(Travel Talk) 등 토크(The Talk) 시리즈를 계속해올 수 있었습니다. 앞으로 패션토크(Fashion Talk)와 향토크(Fragrance Talk)도 진행해보고 싶습니다.

큐레이션과 카피의 차이

토크 시리즈도 일종의 큐레이션입니다. 큐레이션과 카피(copy)의 차이가 뭘까요? 자기 색깔이 있느냐, 없느냐입니다. 자기만의 색깔이 없는 것은 단순한 모방에 불과합니다. 큐레이션을 통해 자기만의 색깔과 향, 비전(vision)이 묻어나야 비로소 나의 것이 되는 것입니다.

지금은 큐레이션의 시대입니다. 세상에는 지식과 정보가 널려 있습니다. 가히 아이디어의 보고라 할 만합니다. 이를 잘만 활용하면 얼마든지 자기만의 색깔을 가진 아이디어를 만들 수 있습니다. 큐레이션을 잘하는 사람이 앞서갈 수 있습니다.

이장우 박사의 설명을 들으니 정말로 아이디어가 더 가까워진 느낌이다. 우리는 그동안 '아이디어는 새롭게 창조되는 것'이라 여기며 백지 상태에서 기발한 무언가를 떠올리려 전전긍긍하지 않았던가. 이 박사는 아이디어를 '결합'과 '조합'이라고 말한다. 자료를 찾아 남의 아이디어를 결합하고 자기만의 색깔을 입히라는 것이다. 그러면 이렇게 해서 나온 아이디어를 현실화하는 방법은 무엇일까?

아이디어를 현실로 만드는 몇 가지 방법

아무리 훌륭한 아이디어를 가지고 있어도 실행하지 않으면 단지 허상으로 그칠 뿐이다. 아이디어를 구현하는 방법에 대해 이장우 박사에게 물었다.

지금은 사회적 협업(social collaboration)의 시대입니다. 혼자서만 이루려고 하면 목표를 달성하기 어려운 시대가 도래했습니다. 그래서 반드시 파트너가 필요합니다. 하지만 우리는 함께 하는 것에 약합니다. 가정이나 학교에서 배워본 적이 없기 때문입니다. 오로지 나 혼자만의 성공을 위해 달려가기에 바쁩니다. 그러면 오래가지 못합니다. 성공하기도 어렵습니다. 이제는 타인과 함께 이루어나가야 합니다.

회사는 조직입니다. 구성원들과 함께 협력해야 아이디어를 구현할 수 있습니다. 그런데 아직까지도 우리나라 조직문화에서는 의견을 표출하기가 쉽지 않습니다. 중역이나 선임이 직원의 주장에 좋지 않은 시선을 보내기 때문입니다. 어떻게 하면 좋을까요? 단기간에 그들의 스타일이나 생각을 바꾸기란 현실적으로 불가능합니다. 다른 방법을 써야 합니다. 사람의 마음을 얻는 기술(people skill)을 활용하는 것입니다.

일반적으로 사람은 자신을 좋아하는 사람의 이야기를 경청하는 경향이 있습니다. 시간이 좀 지나면 그를 신뢰하기 시작합니다. 이런 현상은 감성적인 우리나라 사람들에게서 더 보편적으로 나타납니다. 이 점을 활용할 줄 알아야 합니다. 그러면 상대방이 나를 좋아하게 만드는 방법은 무엇일까요? 관심을 보여주는 것입니다. 상대방의 말을 들어주고, 상대방의 입장에서 이해하려는 노력을 기울이는 등 관심을 보여주면 상대방도 나에게 호감을 갖게 됩니다.

남의 말은 들어주지 않고 자신의 이야기만 하는 사람을 좋아할 사람은 세상에 없습니다. 그런데 그런 사람들이 의외로 많습니다. 안타깝게도 회사의 중역들 가운데 이런 사람들이 많습니다.

그래서 회사에 갓 입사한 직원들은 중역을 고리타분한 영감이라고 생각합니다. 고정관념과 편견으로 가득한 상사로 말이지요. 회사에서 왜 젊은 사원들이 조용히 있는지 아세요? 말이 통하지 않기 때문입니다. 이제부터라도 중역들이 시대의 흐름을 읽고 젊은 사원들과 소통하면서 함께 컬래버레이션(collaboration)할 수 있는 환경을 만들어야 합니다. 그 순간 새로운 아이디어들이 나오고 실행되기 시작합니다.

아이디어를 실현하는 '컬래버레이션'

조직 내 젊은 사원들이 자신의 아이디어를 표출할 수 없는 환경에 놓여 있다면, 청년 사업가들은 예산 부족으로 아이디어를 실행하지 못하는 경우가 태반입니다. 저에게도 많은 분들이 찾아와 자신의 아이디어에 대해 이야기하는 경우가 많습니다. 이를 실제로 실현시키려면 어떻게 해야 하는지 상담을 요청하기도 합니다. 저는 그때마다 기업과 함께 컬래버레이션할 수 있는 방법에 대해 고민해보라고 이야기합니다. 아이디어라는 것은 실행되었을 때 비로소 빛을 발할 수 있고, 실제로 실현되었을 때 진정한 아이디어라고 말할 수 있습니다.

기업과의 컬래버레이션은 아이디어를 실현하는 현실적인 방법의 하나입니다. 이를 위해서는 그에 맞는 기획안을 준비해야 합니다. 어쩌면 너무나 쉬운 방법이라 생각할지 모르겠습니다. 하지만 가장 어려운 부분이기도 합니다. 거대한 기업과 협력한다는 것이 말입니다. 그렇지만 끊임없이 도전하고 두드려야 합니다. 아이디어를 가지고 있다고 해서 기회가 나를 찾아오지 않습니다. 스스로 기회를 찾아나서야 합니다.

'생각의 차이는 각도의 차이'

세상은 바라보는 각도에 따라 다르게 보인다. 선(善)으로 보면 선이고 악(惡)으로 보면 악이다. 사람들 간 생각의 차이도 세상을 바라보는 각도의 차이에서 비롯된다. 심지어 생김새가 똑같은 쌍둥이조차 생각은 같지 않다. 이런 다름은 서로에게 자극이 되고 생각의 촉매제로 작용하기도 한다.

상대방의 생각을 내 생각의 촉매제로 삼는 방법이 있다. 아이러니하게도 상대방의 말에 지나치게 집중하지 않는 것이다. 다름을 인정하며 적당한 선에서 경청할 뿐 상대방의 말을 그대로 받아들이지는 않아야 한다. 이것이 어렵게 느껴진다면 100개 중에서 10개 정도 얻는다는 마음으로 10개만 제대로 듣자. 거기서부터 실마리를 찾는 것이다.

내가 일러스트에 관심을 갖고 공부하게 된 것도 출판사와의 대화가 계기였다. 이 책을 펴낸 올림의 편집자와 책을 장식할 일러스트에 관련된 이야기를 나누다가 예전에 구입한 일러스트 관련 책이 생각났고, 그 즉시 책을 펼치고 공부하면서 46년 만에 처음으로 그림을 그리게 되었다. 그날의 대화가 생각의 촉매제가 된 것이다.

《아빠!》(임선화 지음, gumbook)의 표지를 보고 그림

아이디어는 곳곳에 있습니다.
그래서 아이디어 탐방은
여행의 또 다른 이름입니다.

아이디어닥터의
아이디어 여행

이장우 박사는 여행을 또 다른 이름으로 부른다. '아이디어 탐방(idea excursion)'이다. 여행을 통해 아이디어를 발견한다는 것이다. 끝없는 호기심으로 시작되는 그의 아이디어 탐방 속으로 떠나보자.

치즈 아이디어
탐방

치즈에 관심을 가지고 공부를 시작했을 때였습니다. 무엇을 공부하든 제일 먼저 관련 서적들을 찾는 저는 치즈 관련 책들을 찾기 시작했습니다. 그런데 치즈에 관한 책들이 대부분 프랑스어나 이탈리아어로 되어 있었습니다. 프랑스어나 이탈리아어를 조금 할 줄 알았지만, 그 의미를 온전히 이해하기에는 어려움이 있었습니다. 그때 치즈 아이디어 탐방을 떠나야겠다는 생각이 들었습니다. 직접 본고장에 가서 배워보자는 생각으로 프랑스와 네덜란드로 치즈 아이디어 탐방을 떠나게 되었습니다.

3주간의 일정으로 계획한 치즈 아이디어 탐방의 첫 번째 목적지는 네덜란드였습니다. 네덜란드의 3개의 치즈마을, 에담(Edam), 고다(Gouda), 알크마르(Alkmaar)를 방문하며 직접 치즈를 맛보고 그들의 치즈문화를 경험했습니다. 이어서 치즈를 좀 더 배우고자 프랑스의 치즈학교로 갔습니다. 학교는 인구가 채 600명이 안 되는 시골에 위치하고 있었습니다. 그곳에서 저는 하버드대 출신의 캐나다 여성, 미국에서 온 여성 의사와 함께 수업을 들었습니다. 총 3명의 학생이 함께 수업을 받는데, 저를 제외한 두 명은 서구문화에서 생활하며 치즈에 익숙한 사람이었죠. 수업에 뒤처지지 않으려고 저는 수업이 끝나면 배운 내용들을 모두 외웠습니다. 학창시절로 돌아간 듯했습니다. 매일 저녁 노트를 정리하고, 정리한 내용을 외웠죠. 어떨 때는 무조건 암기하다 보니 선생님이 헷갈려 하는 용어를 제가 정확하게 알고 있는 경우도 있었습니다. 한국식 암기 교육법이 이럴 때 빛을 발한다는 생각이 들었죠.

저는 수업 중에 엄청 떠드는 학생이었습니다. 묻기도 많이 묻고 선

위. 네덜란드 고다의 전통 치즈시장
가운데. 프랑스의 치즈학교에서
아래. 치즈 장인 부부가 운영하는 치즈하우스에서 염소젖을 짜다

생님의 질문에도 제일 먼저 답했습니다. 하지만 저의 답은 반이 틀린 것이었습니다. 그래도 저는 손을 들고 먼저 답하기를 멈추지 않았습니다. 틀려야 기억에 오래 남고, 그러면서 제가 원하는 수준에 오르게 되기 때문입니다. 수업료 1,000만 원을 지불하고도 그렇게 하지 않는다면 어리석은 거 아닌가요? 금액도 중요하겠지만 저의 의지로 공부하겠다고 결심한 이상 최선을 다해야 한다는 생각이 들었습니다. 무엇이든 적극적으로 나설 수밖에 없었습니다.

치즈 장인이 만든 치즈는 정말 맛있을까?

진짜 다릅니다. 너무 행복에 겨워 못 먹을 정도였습니다. 그 치즈는 가격도 비쌀 뿐만 아니라 한국에 수입되지도 않습니다. 우리나라에는 살균 치즈밖에 못 들어오기 때문입니다. 프랑스에서는 비살균 우유를 이용해서 치즈를 생산해도 됩니다. 그 치즈를 먹고 즐기는 시간은 지금 떠올려봐도 행복한 경험입니다.

맥주 아이디어 탐방

OB맥주 본사에서 브랜드마케팅 강의를 진행했을 때였습니다. 저는 언제나 초청받은 기업에 맞추어 강의 준비를 합니다. 강의 내용에 들어가는 사례들도 그 기업과 시장에 맞추어 준비하려고 합니다. 자연히 맥주에 대해 공부하고, 관련 사례들도 찾아보게 되었죠. OB맥주 임직원들과 맥주에 관한 대화를 주고받게 된 것은 물론이었습니다. 그 순간 저는 새로운 맥주의 시대가 다가오고 있음을 직감했습니다. 강의를 준비하며 했던 공부보다 좀 더 깊이 있는 공부가 필요하다는 생각이 들었고, 그래서 구체적인 계획을 짜기 시작했습니다. 어쩌면 브랜드마케팅 강의를 통해 맥주 아이디어 탐방의 실마리를 얻었다고 할 수 있습니다.

맥주를 공부하고 경험하고자 벨기에, 독일, 영국으로 아이디어 탐방을 떠났습니다. 맥주공화국이라 불리는 벨기에에서는 다양한 맥주를 맛보고 경험할 수 있었습니다. 독일 뮌헨에서는 라거(Lager)맥주의 진수를 맛볼 수 있었죠. 그리고 에일(Ale)의 원산지 영국에서는 에일에 대해 공부하고, 비어아카데미에 다니며 영국인들과 함께 호흡하며 맥주를 배울 수 있었습니다. 비어아카데미에서는 100가지 이상의 맥주를 테스트해보는 과정이 있는데, 수업 중에 마음껏 맥주를 마실 수 있다는 것만으로도 흥분되는 일이었죠. 각각 맛과 향이 다르고 풍미도 다른 맥주를 맛보고 음미하는 그 순간은 아직도 잊지 못할 경험으로 남아 있습니다.

위. 런던 비어아카데미의 '맥주전문가 고급과정'을 수료하며
아래. 뮌헨의 '비어&옥토버페스트뮤지엄(Bier & Oktoberfest Museum)에서

비어 스피커(Beer Speaker)의 탄생

맥주가 발달한 영국에는 비어 라이터(Beer Writer)라는 직업이 있습니다. 비어 라이터는 맥주에 관한 전문적인 글을 쓰고 돈을 버는 사람입니다. 맥주를 사랑하고 즐기는 것을 넘어 이를 자신의 직업으로 삼은 것이죠. 이를 보며 저도 맥주를 사랑하는 사람으로서 맥주와 관련된 일을 하고 싶었습니다. 그래서 비어 스피커(Beer Speaker)라는 새로운 영역을 개척하게 되었습니다.

비어 스피커는 말 그대로 맥주를 이야기로 풀어내는 스토리텔러(storyteller)입니다. 저는 맥주회사 와바(Wabar)와 함께 진행해온 비어 토크(Beer Talk)에서 많은 사람들에게 맥주에 관한 이야기를 들려주는 비어 스피커가 되었습니다. 맥주를 배우고 경험하며 새로운 아이디어를 떠올리고 실행으로 옮긴 결과입니다. 여기서 새로운 아이디어가 기존의 것으로부터 새로움을 발견하여 만들어졌다는 사실에 주목하기 바랍니다. 아이디어를 도출하는 것은 결코 어려운 일이 아닙니다.

아이디어
탐방 노하우

아이디어 탐방을 위한 이장우 박사의 흔적을 쫓으며 한 가지 의문이 들었다. 그의 설명을 듣고 있으면 해당 주제를 10년 이상 공부해온 전문가의 향기가 난다. 그리고 많은 사람들이 그의 이야기에 큰 호응을 보낸다. 전문가들도 이장우 박사의 이야기에 귀를 기울인다. 그런데 알고 보면 이 박사의 아이디어 탐방 기간은 3주에 불과하다. 짧다면 짧다고 할 수 있는 아이디어 탐방 기간, 어떻게 그는 3주간의 아이디어 탐방으로 전문가의 향기를 내는 것일까?

저는 회사생활을 하면서 많은 나라들을 여행하며 경험해보았기 때문에 아이디어 탐방을 위한 여행지가 결정되면 바로 제가 세운 계획과 콘셉트에 맞는 일정을 짤 수 있습니다. 처음 가보는 곳이라면 명소들도 함께 둘러보고 싶겠지만, 이미 한 번쯤은 다녀온 곳이기에 3주간의 일정이라도 저에게는 결코 짧게 느껴지지 않습니다. 사실 산적한 업무들을 감안하면 2주간의 아이디어 탐방이 가장 적절합니다. 하지만 2주 동안 무엇인가를 제대로 알아보고 배우기에는 아쉬운 부분이 많습니다. 그렇다고 4주를 머무르게 되면 한 달이라는 시간을 비우게 되는 것으로 업무 스케줄에 문제가 생깁니다. 제가 3주간의 아이디어 탐방을 선호하는 이유입니다.

저는 누군가 저에게 남은 인생에 대해 물어볼 때면 평생 여행을 하며 살아가고 싶다고 이야기합니다. 그러면 상대방은 남은 인생을 놀며 살려고 한다는 의미로 받아들입니다. 여행을 그저 놀이로만 생각하는 것입니다. 하지만 저에게 여행은 아이디어 탐방입니다. 노는 것을 넘어 인생을 위한 아이디어를 얻어오는 것이지요. 여행이 삶을 위한 회복제가 된다면 아이디어 탐방은 영양제와도 같습니다. 제 삶을 더욱더 건강하고 강하게 만들어주기 때문입니다.

지금은 한국 여행중

저는 종종 지금 한국에 여행을 와 있는 중이라고 이야기합니다. 아이디어 탐방을 통해 전 세계를 여행하는 중에 잠시 한국에 머물고 있다고 말이죠. 이렇게 이야기하는 것은 저의 꿈과 관련이 있습니다. 저는 전 세계를 여행하고 싶습니다. 한 곳에 머무르지 않고 계속 세계 곳곳을 탐방하기 위해 한국을 여행지 중 한 곳으로 정하는 것이지요.

이장우 박사는 마음을 열고 떠나는 아이디어 탐방에서 새로운 영감과 아이디어를 얻을 수 있다고 말한다. 기존 상식이나 고정관념은 다 던져버리고 새로움과 다름으로 여행의 순간을 채워보라고 권한다. 그런 그가 가장 두려워하는 것은 지식과 전문성이 변화와 혁신을 가로막는 상황이다. 그래서 그는 끊임없이 아이디어 탐방을 계획하는지 모른다. 늘 열려 있는 자유로운 자신의 삶을 위해, 그리고 포기할 수 없는 자신의 꿈을 위해.

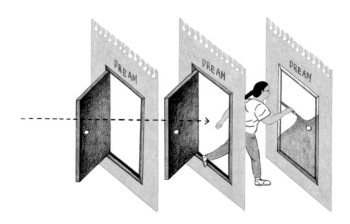

꿈을 이루어가는 과정이 행복입니다.
설사 꿈을 이루지 못한다 해도
우리는 꿈을 향해 가는 길 위에서 행복을 느끼게 됩니다.
아이디어를 만나는 기쁨도 누릴 수 있습니다.

꿈, 아이디어,
그리고 인생

'창의적 아이디어의 시작은 꿈이다.'

　이장우 박사는 꿈을 이루어가는 여정 속에서 우연히 아이디어와 만난다고 이야기한다. 즉, 꿈을 꾸고 실행하기 때문에 아이디어와 만날 수 있다는 이야기다. 이 박사가 말하는 꿈과 아이디어, 그리고 인생의 관계를 들어보자.

꿈은 꾸는 것이 아니라
사는 것이다

행복해서 꿈을 꾸는 것이 아니라, 꿈을 꾸는 자체가 바로 행복이다. 꿈을 이루는 것도 좋지만, 꿈을 현실로 만들어가는 과정에서 우리는 행복을 느끼게 된다. 꿈이란 언제나 우리를 설레게 하고, 잠 못 들게 하고, 젊게 해주기 때문이다. 흔히들 꿈은 어린이들만 꾸는 것이라 생각한다. 하지만 오히려 나이가 들수록 더 깊고 새로운 꿈을 꾸게 된다. 우리는 모두 꿈에서 태어나 꿈으로 돌아가는 것이다.

이장우 박사는 세상 누구보다 바쁘게 살면서도 매일 꿈을 꾸며 행복하다고 말한다. 그에게 아직도 이루지 못한 꿈은 무엇일까?

저는 그동안 업계를 불문하고 수많은 사람들과 일해왔습니다. 그러는 동안 여러 제안을 받기도 했습니다. 공직에서도 제안이 들어왔고, 대기업으로부터도 제의가 있었습니다. 하지만 받아들이지 않았습니다. 저는 엄연한 기업인이고, 큰 조직에 들어가서는 제가 이루고 싶은 일을 제대로 할 수 없었기 때문입니다.

이제 저는 스스로 다양한 영역에서 적지 않은 일을 이루어보았다고 생각합니다. 기회가 된다면 경영인으로서 다시 도전해보고 싶습니다. 그간에 쌓은 지식과 감각으로 더 많은 것을 이루어보고 싶습니다.

저는 1인 기업을 경영하면서 여러 방면에서 많이 배우고 확실한 퍼스널브랜드도 구축했습니다. 또 수십 곳의 기업들과 일을 진행하면서 경영에 필요한 감각들을 키울 수 있었습니다. 만약 제가 소비자 제품 기업으로 간다면 이러한 감각들과 경험이 더 큰 이점으로 작용할 것입니다. 브랜드도 기업도 뜨거워질 수 있도록 할 자신이 있습니다.

호흡이 잘 맞는 사람을 찾아야

다시 기업으로 돌아간다 해도 저는 지금 함께 일하는 이효미 씨와 같이 갈 것입니다. 이는 미국식입니다. 미국 기업인들은 호흡이 맞는 비서와 함께 움직입니다. 우리나라 비서들은 주로 서비스에 치중하지만, 미국의 비서들은 기획에 집중하는 편입니다. 한마디로 기획 비서입니다. 이런 기획 비서들은 기업인을 위해 모든 것을 다 해줍니다. 기업인에게는 호흡이 맞는 비서가 가장 중요한 것도 이러한 이유입니다. 자신과 잘 맞는 사람을 만난다는 것은 행운을 얻는 것과 같습니다. 이는 비단 경영인들에게만 적용되는 이야기는 아닙니다. 나와 호흡이 잘 맞는 누군가를 찾아야 합니다.

이미 많은 것을 이루어낸 이장우 박사지만 그는 아직도 꿈을 꾼다. 그가 오늘도 활기차게 움직이는 이유다. 그는 꿈을 꾸며 사는 사람이 아니라, 꿈 자체를 사는 사람이다.

꿈을 갖지 말고, 꿈을 살라

많은 사람들이 꿈을 가지라고 이야기합니다. 하지만 저는 꿈을 살라고 이야기하고 싶습니다. 꿈을 꾸는 것에 목적을 두는 것이 아니라 꿈 자체가 삶이 되어야 하는 것입니다. 인생은 누구에게나 한 번뿐입니다. 그렇기에 하고 싶은 일을 하지 못한다면 후회가 남게 됩니다. 그래서 저는 꼭 무언가를 이루거나 얻기 위해서가 아니라 꿈을 위해 지금 할 수 있는 도전에 의미를 둡니다. 도전이 없는 삶은 무미건조하고 지루합니다. 이를 알고 있으면서도 도전하지 못하는 사람들이 있습니다. 지나치게 계산하고 따지기 때문입니다. 이렇게 고민만 하다가는 아무것도 하지 못하고 맙니다. 인생은 도전하고 실행하는 자의 편입니다. 시도하면 하나라도 이루게 되고, 꾸준히 실행하면 점점 더 많은 것을 이룰 수 있게 됩니다. 결국 실행하는 삶을 사는 것이 성공으로 이어집니다.

당신의 '버킷 리스트'는 뭔가요?

죽기 전에 꼭 이루고 싶은 것, 버킷 리스트(Bucket List). 꼭 버킷 리스트가 아니더라도 누구나 죽기 전에 이루고 싶은 일을 한두 가지 이상은 갖고 있을 것이다. 이장우 박사도 마찬가지다. 기업인으로 돌아가는 꿈을 꾼다는 이장우 박사에게 가슴에 품고 있는 버킷 리스트가 있느냐고 물으니 설렘 어린 대답을 내놓는다.

130일 크루즈 여행

우선 130일 동안 크루즈(cruise)를 타고 전 세계를 여행하고 싶습니다. 여행은 제가 생각하지 못한 것들을 생각하게 만들고, 때로는 다른 길로 이끌고 갑니다. 어느 한 곳을 정해놓고 떠나는 여행도 이러한데, 전 세계를 유람한다면 더 많은 새로움이 저를 기다리고 있으리라 생각합니다.

저는 2009년 5월의 일본 여행을 통해 SNS에 발을 들여놓게 되었습니다. 도쿄에 있는 책방에서 우연히 트위터 관련 서적들을 보게 된 것이 계기였습니다. 당시로서는 생소했지만 책을 보는 순간 한국에서도 트렌드가 될 거라는 확신이 들었습니다. 그래서 바로 트위터 공부를 위해 또다시 싱가포르, 미국, 프랑스로 아이디어 탐방을 떠났습니다. 그 결과 보다 크고 넓은 SNS의 세계를 만났고, 지금의 자리에 올라올 수 있었던 것입니다. 여행이란 이렇듯 지금과는 다른 세계를 만나는 문이 됩니다. 그 문을 열고 나설 수 있는 크루즈 여행을 꿈꾸는 것도 그래서입니다.

'Idea Doctor' 제품 출시

저는 'Idea Doctor 이장우 박사'라는 퍼스널브랜드로 활동하며 많은 사람들의 공감을 얻었고, 2014 브랜드어워드(Brand Award)에서 퍼스널브랜드 부분 올해의 브랜드 대상을 수상하기도 했습니다. 저에게는 꿈 같은, 너무나도 기쁜 일이었습니다. 무엇보다 퍼스널브랜드가 인정받는다는 것에 대한 놀라움이 있었죠. 저는 퍼스널브랜드가 단순히 한 개인의 이미지나 유명세만을 넘어 브랜드로서의 가치를 인정받을 수 있다는 사실을 증명해 보이고 싶습니다. 퍼스널브랜드를 활용하여 큐레이션 개념의 제품을 만들어 출시하는 것입니다. 커피, 치즈, 맥주, 피자, 디저트, 아이스크림 등 제가 좋아하고 지금까지 관심을 가지고 있었던 여러 가지 아이템들과 'Idea Docto 이장우 박사'라는 브랜드의 색을 입혀 제품으로 출시하려고 합니다.

식음료(Food & Beverage) 사업 도전

제가 진행해온 토크(The Talk) 시리즈는 의도치 않았지만 식음료와 연결되어 있습니다. 커피토크를 시작으로 비어토크, 치즈토크, 초콜릿토크를 진행해왔습니다. 그래서 저는 자연스럽게 푸드 큐레이터(Food Curator)라는 새로운 분야를 개척하여 지속적으로 공부하고, 활동하고 있습니다. 그 처음은 커피였습니다. 자연스럽게 관심이 푸드 쪽으로 확장됐고, 이와 관련된 사람들과 인맥을 형성하게 되면서 그만큼 확장해야 할 분야, 도전하고 싶은 분야도 많아지게 되었습니다. 더욱 활발하게 푸드 큐레이터로 활동할 수 있게 된 것입니다.

　푸드와 관련된 비즈니스는 더욱더 성장하고 있습니다. 특히나 새로운 분야와의 결합을 통해 또 다른 가치를 만들어내고 있습니다. 루이비통(Louis Vitton)이나 이랜드(ELAND)처럼 패션사업으로 시작하여 푸드사업으로 확장을 꾀하는 곳들이 늘어나는 것도 푸드 관련 비즈니스의 성장세를 보여주는 일례입니다. 특히나 푸드는 인간의 삶에 가장 가깝고, 절대 떼어낼 수 없는 필수적인 요소입니다. 인문학적으로도 많은 이야기들을 담고 있죠. 제가 커피토크나 비어토크, 치즈토크에서 단순히 푸드만을 이야기하지 않고 다양한 인문학적 이야기들을 하는 것도 그 이유입니다. 무궁무진한 이야기들이 숨어 있기 때문입니다. 그리고 그 이야기들은 계속해서 저의 호기심을 자극합니다. 또다시 어떤 분야에 새롭게 도전할지 모르겠지만, 현재는 푸드와 관련된 일을 좀 더 깊게 하고 싶습니다.

　이장우 박사는 우연히 알게 된 무언가에 흥미를 느끼면 바로 그것을 파고드는 도전자이자 모험가다. 도쿄 여행에서 우연히 발견한 책 한 권에서 시작한 여행으로 그는 '우리나라 SNS 1인자'가 되었고, 커피가 좋아 떠났던 여행은 이후 커피토크로 연결되었다. 모두가 완벽을 추구하기보다 하고 싶은 일을 실행에 옮긴 결과다.

인생을 움직이는
'이상'

           우리는 가장 완전하다고 생각하는 상태를 일컬어 '이상(理想)'이라고 말한다. 그런데 우리는 현실 속에서 평생 이루지 못할 불가능한 꿈을 '이상'이라고 이야기하기도 한다. 가장 완벽한 상태는 절대 현실에서 이루어지지 않을 것이라고 생각하기 때문이다. 그럼에도 불구하고 사람들은 저마다 이상을 품고 현실을 살아간다. 이루지 못하더라도 가슴에 품고 있는 것만으로 위안을 삼을 수 있기 때문일 것이다. 하지만 이상은 위안을 넘어 한 사람의 인생을 본질적으로 이끌어가기도 한다. 이상은 추구하고자 하는 목표가 되기 때문이다.

    꿈에 대한 이야기를 나누면서 이장우 박사의 이상이 궁금해졌다.

    어느 여행채널 프로그램을 보면 하늘 위에서 촬영한 장면이 나옵니다. 보고 있노라면 실제로 하늘을 날고 있는 것 같은 기분에 사로잡히곤 합니다. 아주 흥미롭습니다. 저도 하늘을 날아보고 싶습니다. 하늘을 날아 보다 높은 곳에서 세상을 바라보며 여행하고 싶습니다.

    저는 이미 많은 곳들을 여행했지만 아직도 가보고 싶은 곳이 수두룩합니다. 새처럼 자유롭게 그곳으로 날아가 마음껏 즐길 수 있다면 얼마나 좋을까요?

저는 여행을 하면서 문득문득 신기하다는 생각이 듭니다. 같은 지구에서 태어나 생활하는 전 세계 사람들이 나라마다 지역마다 다르게 먹고 생각하는 것이 너무 신기합니다. 하지만 알고 보면 95% 정도는 거의 같습니다. 단 5%의 차이가 이색적 문화와 신비로움을 만드는 것입니다.

그 5%의 차이는 직접 경험해보지 않고서는 알 수 없습니다. 이 때문에 여행이 필요한 것이라 생각합니다. 제가 언제나 꿈을 꾸는 것도 같은 이유입니다.

이장우 박사의 이상은 '새'가 되어 더 높은 곳에서 더 많은 곳을 여행하는 것이다. 아마도 지구 곳곳에 숨어 있는 아이디어들을 발굴하여 이를 새로운 아이템으로 연결하고 싶은 그만의 꿈이 작용하기 때문일지 모른다.

꿈과 돈의
딜레마에 관하여

꿈을 꾸고 이상을 좇는 것. 누구나 원하는 바일 것이다. 하지만 꿈과 이상만을 이야기하기에는 우리네 현실의 벽이 너무나 높다. 가장 기본적으로 '돈'에 대해서 생각하지 않을 수 없다. 당장 살아가기 위해서는 꿈보다는 돈이 먼저라는 생각이 들어 포기하는 순간이 많아진다. 그리고 그 순간 우리는 또 다시 좌절감과 상실감을 느끼게 된다. 꿈과 돈의 딜레마는 언제나 우리와 함께하는 것이다. 어떻게 극복할 수 있을까?

트위터나 커피를 배우기 위해 아이디어 탐방을 떠났을 때 저는 돈을 좇아서 간 것이 아니었습니다. 비즈니스 목적이 아니었다는 이야기입니다. 그런데 그때 보고 배운 것들을 이후에 업무에 활용하면서 수입이 창출되었습니다.

가장 좋은 것은 꿈을 좇다가 돈이 생기는 것입니다. 기업도 마찬가지입니다. 원대한 비전을 가지고 추진한 결과가 수익으로 연결되는 것이 가장 좋습니다. 개인이나 기업이나 돈만 좇다 보면 눈앞의 이익에만 집착하여 결국 실패할 가능성이 높습니다.

꿈과 호기심을 좇아 우연히 떠난 여행이 나중에 수입을 창출하는 근원이 된다? 듣기만 해도 기분이 좋아지는 말이다. '우연'이 좋은 '결과'로 이어지다니! 하지만 꿈을 위해 떠나기란 현실적으로 어려운 일이다. 그럼에도 불구하고 우리는 이장우 박사의 말에 귀를 기울이게 된다. 그의 이야기를 통해 우리는 현실을 딛고 일어서 한 발 한 발 꿈을 향해 나아간다면 꿈이 돈이 되는 날이 올 것이라는 믿음을 갖게 되기 때문이다.

"당신의 꿈은 어디로 갔나요?"

사람이면 누구나 어릴 적부터 이루고 싶은 꿈을 가지고 산다. 그런데 그것을 실제로 이루거나 이루어가며 사는 사람이 있는가 하면, 이런저런 상황으로 포기하거나 가슴속에만 묻어둔 채 살아가는 사람들도 있다. 어느덧 희미해진 오랜 꿈을 안타까워하는 이들에게 하고 싶은 말이 있다.

"현실에 적응하며 살아왔던 시기를 지나 이제는 자신의 오랜 꿈을 마주할 시간입니다. 혹독한 현실에서 살아남은 당신, 지금부터라도 미루어놓은 소중한 꿈을 위해 살아가길 바랍니다. 설령 다 이루지 못할지언정 그 속에서 행복을 느낄 수 있을 것입니다."

미래는 예측하기 어렵지만 대처할 수는 있습니다.
가장 좋은 방법은 민첩(agile)하게 적용하는 것입니다.

미래는
발견이다

이장우 박사의 아이디어가 대중에게 큰 호응을 얻는 것은 그 속에 미래에 대한 예측이 담겨 있기 때문이다. 많은 아이디어를 도출해낸다고 해도 미래에 가치가 없다면 그것은 허상에 불과할 뿐이다.

미래인은
민첩하게 적응한다

현재에서 바라보는 미래는 희망과 두려움이 교차한다. 누구도 미래를 정확히 예측하기가 힘들기 때문이

다. 하지만 살아온 경험과 쌓아온 지식의 조합으로 근사치는 제시할
수 있다.

그렇다면 미래를 대비하는 우리의 자세는 어떠해야 할까?

아무리 미래학의 대가라고 해도 미래를 정확하게 예측하고 대비하
기란 어려운 일입니다. 그럼에도 불구하고 우리는 미래에 대비해야 합
니다. 변화와 불확실성에 따른 위험 요인들에 대응하려면 말이죠.

우리는 미래를 알기 위해 많은 노력을 기울이지만 늘 헤매곤 합니
다. 제대로 된 미래 예측을 하지 못하기 때문입니다. 저는 스스로 미래
를 만들어가라고 이야기합니다. 그것이 미래를 대비하는 가장 현명한
길이라고 생각하기 때문입니다. 미래를 만들어간다는 것은 오늘의 연
장선에서 미래를 그려나가는 것입니다. 새로움을 창조한다기보다 지
금의 모습을 더 발전시켜나가는 것이죠. 그런데 그렇게 할 수 있는 사
람은 많지 않습니다. 또한 불가피한 변화가 수시로 일어나기도 합니
다. 이때 필요한 것이 '민첩하게(agile), 적응(adaptive)'하는 것입니다.
이것이 미래에 대처하는 가장 현실적인 방법입니다.

민첩하다는 것은 세상의 변화를 빠르게 인지함을 의미합니다. 시대
의 흐름이 바뀌는데도 이를 도외시하고 현재에 안주한다면 뒤처질 수
밖에 없습니다. 변화의 방향과 속도를 예의 주시해야 합니다. 민첩하
게 변화를 읽었다면 이에 적응해야 합니다. 적응하지 못하면 생존이

불가능합니다. 지구의 역사를 봐도 강하고 빠른 동물보다 환경에 적응한 동물이 더 오래 살아남았습니다. 즉, 적응한다는 것은 환경에 굴복하는 것이 아니라 변화된 환경에 스스로 어우러지는 것입니다.

민첩하게 변화를 읽고 그에 적응하는 것이 미래에 대비하는 방법입니다. 아직 오지 않은 미래를 걱정하거나 고민하지 말고, 스스로 민첩하게 적응할 수 있는 힘을 키워야 합니다.

미래는 예측이 아닌 발견

미국 소설가 윌리엄 깁슨(William Gibson)은 "미래는 이미 와 있다. 아직 퍼지지 않았을 뿐이다"라고 이야기한 바 있습니다. 사람들이 퍼져 있는 미래를 눈치채지 못하면서 미래는 아직 오지 않았다고 이야기한다는 뜻입니다. 저는 미래는 발견(discovery)이라고 생각합니다. 우리는 지금까지 미래는 우리에게 다가오는 것이고, 이를 받아들이면 된다고 생각해왔습니다. 그래서 미래를 예측하려고 애썼습니다. 하지만 미래는 현재 속에 가려져 보이지 않는 것이고, 그것을 발견하는 사람이 미래를 볼 수 있습니다. 현재에 안주하지 말고 많이 돌아다니고, 많이 만나며, 많은 강의를 들어야 합니다. 미래를 발견하기 위한 단서를 찾기 위해서 말입니다.

어떤 사람이
미래를 발견할까

미래를 발견하기 위해서는 보아야
(See) 하고, 느껴야(Sense) 하고, 해보아야(Do) 합니다. 이것을 반복하
여 체화하고, 스스로 발견해야 합니다. 해보지 않으면 절대 모릅니다.
이 공식의 핵심 과제는 해보는 것입니다. Do를 하지 않아 느껴지지가
않는 것입니다. 나이든 사람들이 무너지는 이유가 뭔지 아세요? 보기
는 잘 보지만, 해보지를 않아서 느낌(Feel)이 없기 때문입니다. 여기서
말하는 느낌이란 곧 공감입니다. 미래는 공감의 시대입니다. 공감을
실천하는 사람이 미래의 주역입니다.

미래를 발견하기 위해서는 무엇보다 실행을 해야 한다. 이때 중요
한 것이 공감이다. 하지만 이것만으로는 미래를 발견하기가 어렵다.
이장우 박사는 그 어려움을 해소시키는 방법으로 검색을 통한 학습을
이야기한다.

저는 언제나 단어를 찾습니다. 세상은 언어의 싸움에서 이기는 자
에게 유리합니다. 그래서 정보를 찾으면서도 새로운 단어들을 찾는 것
이죠. 자료와 단어를 찾을 때는 온라인 검색과 더불어 신문을 구독합
니다. 우리나라에서 몇 손가락 안에 꼽힐 정도로 SNS를 많이 하는 사

람인데도 말이죠. 온라인 정보는 모바일 기기들을 통해 손쉽게 검색하고 찾아낼 수 있는 반면, 검색하기 전에는 유익한 정보를 얻기가 힘이 듭니다. 포털사이트(portal site)를 통해 눈에 띄는 정보들은 자극적이고 흥미 위주의 콘텐츠들이 많기 때문입니다. 그래서 저는 다양한 신문과 잡지를 구독하며 읽고 있습니다. 그 속에서 호기심을 자극하는 부분이 있으면 검색을 통해 좀 더 깊고 넓게 정보들을 찾아내는 것입니다. 세상에는 수많은 콘텐츠와 단어들이 존재합니다. 모래알 속에서 진주를 찾아내듯 콘텐츠와 단어를 찾아내야 합니다.

우리는 보통 브랜드마케팅은 시시각각 변화하는 트렌드를 반영하는 것이기 때문에 젊은 사람들에게 유리할 것이라 생각한다. 하지만 이러한 생각에 반기를 들고 도전하는 사람이 있다. 바로 이장우 박사다. 그는 미래에 민첩하게(Agile), 적응(Adaptive)하기 위해 끊임없이 배우고 경험한다. 한마디로 배움을 탐닉한다. 또한 권위의식을 버리고 열린 마음으로 사람들을 대하면서 아이디어를 교환한다. 이를 통해 자신의 REAL을 새롭게 창조해나간다. 이런 행동들이 결국 그에게 미래를 발견(discovery)할 수 있는 혜안을 선물해주고, 독보적인 성과를 가능하게 하는 것이다.

PART 4

우리는
연결되어 있다

REAL로 함께하는 여행

이장우 박사는 현 시대를 '초연결사회'라고 정의한다.
사람들이 서로 다른 공간 속에서 각자의 방식으로 살아가고 있는 것처럼 보이지만
사실은 서로서로 긴밀히 연결되어 있으며,
도움을 주고받는 가운데 가치를 공유하며 살고 있다는 것이다.
초연결사회에서 연결되지 않은 사람은 낙오자가 된다.
가진 것이 많아도 낙오자가 되면 이내 모든 것을 잃고 만다.
끊임없이 연결을 시도하고, 공감하고,
나눔을 실천하는 사람만이 타인과 조화를 이루면서 자신의 삶을 살 수 있다.
그런 의미에서 REAL은 함께할 수 있을 때 진정한 가치를 발휘한다고 말할 수 있다.

생각이 젊은 사람이 있습니다.
그에게 삶의 기준은 어제가 아닙니다.
지금 이 순간입니다.
그는 현재를 살면서
상대의 언어로 공감하고 소통합니다.

공감 시대의
공감 코드

초연결사회에서 소통과 공감은 반드시 갖춰야 할 필수 덕목이다. 그런데도 극심한 변화의 현재진행형 속에서 소통과 공감을 잊은 채 단절되어가는 사람들이 적지 않다. 과거에 집착하는 중장년층의 고정관념과 젊은이들의 새로운 사고 사이의 갭(gap)이 우리에게 필요한 창의성을 갉아먹기도 한다. 한편에서는 편견과 불통의 갭을 없애기 위해 노력하는 기성세대도 늘어나고 있다. 세상이 변하고 있고, 그 중심에 이장우 박사가 있다.

이장우 박사는 특유의 소셜 능력을 발휘하여 단기간에 수십만 명의 사람들과 소통하고 공감하는 데 성공했다. 그는 자신의 경험을 통해 소셜 능력의 가장 중요한 요소로 공유(sharing), 질문, 경청, 공감, 대화 5가지를 꼽는다. 이 5가지를 성실히 실천한 결과로 소셜 버즈(social buzz, 소셜 입소문)가 생겨나기 시작했고, 금세 트위터 팔로어 수가 10만 명을 돌파하면서 소셜시장의 리더가 되었다. 이 박사의 무엇이 그를 그렇게 만들었을까?

내면의 동안이
위인을 만든다

이장우 박사는 동안이다. 이는 그의 겉모습을 이야기하는 것이 아니다. 그는 생각과 마음이 동안인 사람이다. 글로벌 기업의 대표까지 지냈지만 그에게서는 기성세대의 권위의식이나 위선을 찾아보기 힘들다. 어떤 선입견이나 편견도 없이 열린 마음으로 상대방의 말에 귀를 기울인다. 거리낌없이 이야기 나눌 수 있는 그와의 만남은 편하고 즐겁다. SNS상에서도 그는 한결같다. 나이와 성별, 지위를 초월하여 30만 명의 친구와 소통하는 비결이 여기에 있다.

저는 비교적 나이를 먹은 축에 속하지만, 나이 이데올로기를 내려놓은 채 청춘들과 어울리며 호흡하려고 노력합니다. 그들과 어울리며 먹고, 걷고, 이야기하고, 많은 것을 보려고 합니다.

　젊은이들과 어울리면서 가장 좋은 점은 호기심에 가득한 질문을 많이 받는다는 것입니다. 그러면 저도 그들의 참신한 질문에 답하기 위해 호기심을 내려놓을 수 없게 됩니다. 그래서 아직까지도 저는 호기심이 가득한 하루하루를 살아갑니다. 이러한 과정 속에서 사고를 포함한 모든 면이 한층 젊어지는 것을 피부로 느낍니다. 젊은 삶의 패턴으로 내면도 점차 동안이 되어갑니다.

내 삶의 기준은 지금 이 순간

　저의 일상은 매일매일이 미팅과 강의로 이루어져 있습니다. 항상 다양한 분야의 많은 사람들을 만납니다. 바쁜 일상에도 불구하고 하루하루가 행복할 수 있는 것도 이렇듯 다양한 사람들을 만나 이야기 나눌 수 있기 때문입니다. 이를 일로 받아들인다면 금세 지치고 말 것입니다. 하지만 사람을 만난다는 것은 인간에게 필요한 가장 기본적인 활동입니다. 그 속에서 나누는 대화에는 언제나 새로움이 있습니다. 새로운 아이디어를 발견하는 계기를 만들어주기도 하고요. 특히나 저에게 인터뷰를 요청하거나 상담을 원하는 사람들은 대부분 저보다 젊은 청춘들로 미래에 대한 열정과 꿈이 가득한 사람들입니다. 그들은 저에게 조언을 듣고 힘을 얻는다고 하는데, 오히려 저는 그들을 통해 내면이 젊어짐을 느낍니다. 지금 하고 있는 인터뷰도 저를 젊어지게 하고 있는 것이죠.

하지만 바쁜 일상이 언제나 좋은 것만은 아닙니다. 무슨 일이든 명암이 존재하기 마련이죠. 업무 외적인 일들로 바쁜 일상을 보내게 되면 중요한 비즈니스를 놓치는 경우가 왕왕 있습니다. 이 때문에 금전적으로 타격을 입기도 합니다. 하지만 저는 돈과 연결된 비즈니스에만 초점을 맞추지는 않습니다. 수입이 충분해서가 아닙니다. 제가 정한 삶의 기준에 맞추어 움직이는 것입니다.

제게 삶의 기준은 어제가 아니라 지금 이 순간입니다. 사람들은 습관적으로 과거의 전성기를 기준으로 설정합니다. 그것에 얽매여 불만을 제기하고 현재 상황을 탓합니다. 저도 글로벌 기업의 CEO로 있을 때의 수입을 생각하면 현재의 일에 만족감을 느낄 수 없을 것입니다. 하지만 저는 현재를 살아가면서 새로움을 경험하고, 사람들과 이를 공감하는 것이 가장 중요하다고 생각합니다.

오늘이 중요합니다. 자꾸만 과거를 생각하며 후회를 하게 되면 불행해지고, 결국 내면의 동안을 만들기는 더더욱 어려워집니다. 오늘을 기준으로 삼아 생각하고 생활하는 것이 동안의 비결입니다.

지금의 2030세대는 과거의 어떤 세대보다 창의력이 넘치고, 글로벌 감각을 지니고 있다. 그들의 창의력과 글로벌 감각을 발휘할 수 있도록 한다면 지금의 사회는 더욱 발전할 수 있으리라 생각한다. 이를 위해서는 기성세대들이 2030세대들과 제대로 소통하고 공감할 수 있어야 한다. 기성세대들에게 내면의 동안이 필요한 이유도 여기에 있다. 아울러 2030세대들이 내면의 동안을 유지하여야 함도 마찬가지이다. 이장우 박사는 언제나 내면의 동안을 유지하며 소통과 공감을 위해 노력한다.

교감하는 사람은
언어가 다르다?

청춘들과 어울리는 것이 내면의 동안을 키우는 비법이라고 이야기하는 이장우 박사. 하지만 막상 현실에서 청춘들과 교감하고 공감한다는 것은 쉽지 않은 일이다. 이는 기성세대의 문제만도 아니다. 지금의 청춘들은 인류 역사상 가장 빠른 변화의 시대를 살면서 이기적인 형태로 진화하고 있으며, 이익이 동반되지 않는 교감과 소통을 꺼리는 특성을 보이고 있기 때문이다. 따라서 그들과 교감하기 위해서는 특별한 '끌림'이 있어야 한다.

그렇다면 우리나라에서 가장 많은 청춘들과 소통하는 이장우 박사의 끌림은 무엇일까?

저는 늘 청춘들과 같은 언어를 공유하고 합니다. 그래서일까요? 오히려 같은 세대의 친구들을 만날 때면 젊은이들을 만났을 때보다 동질감이 떨어집니다. 신체적인 나이대가 비슷하다는 것과 사회적으로 처한 환경이 비슷할 뿐 나누는 대화의 내용이 전혀 다르기 때문입니다. 대부분이 SNS를 하지도 않을뿐더러 SNS를 젊은 사람들의 전유물이라 생각하고 시도조차 하지 않습니다. 게다가 유행과 트렌드에는 관심이 없습니다. 자연히 그들과의 대화가 지루하게 느껴집니다. 서로 이야기를 나누고는 있지만 사용하는 언어가 다른 것이지요. 이는 젊은이들이 사용하는 은어를 사용하고 인터넷 용어로 대화를 한다는 의미가 아닙니다. 대화의 주제가 서로 다른 것입니다. 2030세대들과 대화가 가능하고, 그들과의 이야기가 즐겁게 느껴지는 것은 공통의 관심사를 가지고 있음을 의미합니다. 그들에게는 지금의 환경이 어렵기만 하고, 어떻게든 희망을 놓지 않으려고 노력하는 것이 가장 큰 이슈인데, 기성세대들이 그저 받아들여라, 더 노력하는 방법밖에는 없다고 이야기한다면 서로 대화가 될까요? 분명 알아들을 수 있는 언어로 이야기를 하고 있지만 마음으로 받아들이고 공감이 이루어지는 대화는 아닐 것입니다. 이것이 바로 세대 간의 언어 차이에서 비롯되는 것이죠.

언어의 차이는 갈등과 싸움으로 이어지게 됩니다. 부부 싸움도 이런 언어의 차이에서 비롯된다고 볼 수 있습니다. 여자의 세계와 남자의 세계가 다르다 보니 언어의 차이가 발생하고, 이것이 부부 싸움으로 이어지는 것입니다.

회사에서도 언어가 다른 문제로 발생하는 많은 갈등들을 목격하고 경험했습니다. 제가 미국에서 근무할 때 디자인부서는 직급상 마케팅부서의 하부조직이었습니다. 디자인에 대한 해박한 지식이 없었던 마케팅부서 임원들이 계급이 높다는 이유 하나만으로 전문 디자이너들을 다그치곤 했습니다. 이런 상황은 디자이너에게 엄청난 시련이 되었습니다. 결국 소통의 단절이 빚어졌습니다.

사회에서도 이런 일들이 비일비재하게 일어납니다. 소통의 단절을 피하려면 먼저 상대방의 언어를 배워야 합니다. 다시 말해서 내가 상대방을 이해하는 것이 상대방이 나를 이해해주는 것보다 빠르고 효과적이라는 이야기입니다. 내가 상대방을 이해하는 순간 공감이 일어나면서 상대방이 나를 이해하기 시작합니다.

아이디어가 넘쳐 흐르는 회사의 조건

현재를 살고 있는 2030세대는 과거의 2030세대와는 다릅니다. 처한 상황이 다르기 때문이지요. 분명 사회는 지속적으로 변화되었고, 시대마다 2030세대들의 모습도 달랐을 것입니다. 하지만 지금의 2030세대는 조금 더 특별합니다. 제가 본 그들은 감수성이 풍부하고 예민하며, 공감이 넘치고, 글로벌한 사고를 가지고 있습니다. 하지만 안타깝게도 이런 강점들을 충분히 발휘하지 못하고 있는 것도 그들의 특징입니다. 많은 2030세대들은 회사에 입사하는 순간 풍부한 감수성도, 넘치는 공감능력도 보이지 않고 그저 입을 닫고, 마음을 닫고 살아갑니다. 이는 그들을 얽매어 놓은 환경과 현실에서 기인합니다. 무슨 이야기를 해도 계란으로 바위치기인 현실에서 그저 조용히 숨죽이고 사는 것이 편하다고 생각하는 것입니다. 저는 이런 환경이 변화되기를 바랍니다. 이를 위해서는 기업의 CEO들이 먼저 변화하여 기업의 문화가 함께 변화되어야 합니다. 그래서 CEO들을 대상으로 하는 강의를 할 때면 꼭 하는 이야기가 있습니다. "2030세대가 입을 열고 능력을 발휘할 수 있는 문화를 만드십시오. 그러면 당신의 회사는 아이디어가 넘쳐 흐르게 될 것입니다."

우리는 살아가면서 다양한 사람들을 만난다. 그 속에서 적지 않은 갈등과 다툼이 일어난다. 자신의 생각만을 고집하거나 강요하는 탓이다. 이제부터라도 상대방의 생각을 이해하고 같은 언어를 사용하기 위해 힘써야 한다. 그 순간 서로의 장점들이 융복합되면서 보다 창의적인 아이디어가 넘쳐나기 시작할 것이다.

사람의 마음을 얻으려면 REAL한 이야기를 꺼낼 수 있어야 합니다.
또한 자신을 희생할 줄 알아야 합니다.
그렇지 않으면 사람은 떠나가게 됩니다.

SNS 리더의
고백

SNS는 또 다른 사회이다. 그 속에는 다양한 사람들이 존재하고, 다수의 사람들이 열광하는 인물도 존재한다. 무엇이 사람들을 그에게 열광하게 하는 것일까? 사람들이 열광하는 특정 인물들에게는 특별한 공통점이 존재한다. 바로 풍부한 콘텐츠를 공유하고, 그것을 통해 다양한 사람들의 공감을 이끌어내고 있는 것이다. 이렇듯 사람들의 공감을 이끌어내며 열광으로까지 이어가는 사람들 중에는 이장우 박사도 있다. 많은 사람들이 그를 우리나라 SNS의 리더로 부르며 SNS를 통해 가까워지려 한다.

30만 명의
친구들과 소통하다

이장우 박사에게는 30만 명의 친구가 있다. 30만 명의 친구라니. 아무리 폭넓은 활동을 하고 있다 하더라도 이 정도 수치의 친구들을 사귈 수 있다는 것이 믿기 어렵다. 하지만 SNS상의 친구라면 어떠한가. 충분히 공감이 가는 부분이다. 이장우 박사는 SNS를 통해 30만 명의 친구들을 만나고 있다. 그리고 그들 모두와 공감하고 소통한다. 이 박사는 자신의 이야기가 사람들의 관심과 공감을 얻는 이유에 대해 어떻게 생각할까?

SNS에서는 다이렉트 콘택트(Direct Contact), '직접 접촉'이 가능합니다. 저는 SNS를 통해 사람들과 소통하고 피드백을 주고받습니다. 이런 과정을 통해 많은 지식과 정보를 습득하게 되고, 현재 사람들이 어떻게 생각하고 행동하는지 깨닫게 됩니다. 직접 빅데이터(Big Data)를 접하게 되는 것입니다. 이런 경험들이 쌓이면서 트렌드의 변화를 체감할 수 있었습니다. 변화하는 트렌드 속에서 저의 REAL한 이야기를 녹여내는 것, 그것이 공감을 일으키는 절대적 요소입니다.

소셜미디어는 새로운 라이프스타일
소셜미디어는 매일매일 새로운 삶을 선사합니다. 점차 소셜족

(social tribe)이 되어가고 있는 것입니다. 저 또한 소셜족입니다. 물리적 시간으로는 절대 할 수 없는 양의 대화를 소셜미디어를 통해 하며, 30만 명의 친구들을 만나고 있습니다. 사람을 만나 새로움을 경험하는 것을 즐기는 저에게 소셜미디어는 행운인 거죠. 소셜미디어를 통해 저는 새로운 라이프스타일을 즐기고 있음에 틀림없습니다. 새로운 이슈를 발견하기도 하고, 관심을 가지고 있던 분야의 전문가를 소셜미디어를 통해 만나게 되기도 합니다. 심지어 소셜미디어를 통해 강의 의뢰를 받기도 합니다. 어느새 제 삶의 중심에 소셜미디어가 있게 된 것입니다. 많은 사람들이 소셜미디어의 폐해에 대해 이야기합니다. 사람들의 삶에 소셜미디어가 너무나 깊게 침투하여 실제의 삶에 영향을 미치게 된다고 말이죠. 하지만 미래에는 더욱 소셜미디어가 삶의 중심에 놓여질 것입니다. 새로운 라이프스타일이 만들어지는 것이죠. 지금은 변화의 혼돈기에 있다고 볼 수 있습니다. 혼돈기에 부정적인 모습이 보여지는 것은 당연합니다. 중요한 것은 이러한 문제들을 어떻게 극복하고 해결할 것인지에 대해 고민하는 것이라 생각합니다.

SNS는 기성세대의 기회

SNS는 기성세대에게 꼭 필요한 요소가 아닐뿐더러 어렵기만한 서비스일 뿐이었습니다. 스마트기기를 잘 다루지 못해 사용에 제약이 있었기 때문입니다. 하지만 역으로 생각해보면 기성세대가 SNS를 잘 다룰 경우 분명한 강점으로 작용할 것입니다.

기성세대는 자신의 콘텐츠를 보유하고 있습니다. 짧지 않은 인생을 살며 축적한 지식과 경험, 노하우와 감각을 가지고 있습니다. 이를 SNS라는 플랫폼에 담아낼 수만 있다면 충분히 주목받을 수 있고, 젊은 세대와의 소통도 더욱 수월해질 것입니다. SNS가 소통의 도구가 되는 것이죠.

저도 마찬가지입니다. 많은 젊은이들이 저의 이야기에 공감하고 매력을 느끼는 것은 SNS를 그들 못지않게 활용하는 기성세대이기 때문입니다. 또 그들의 언어로 말을 건네니 더 마음을 열고 저와 대화하는 것입니다.

세스 고딘(Seth Godin)의 《보랏빛 소가 온다(Purple Cow)》라는 책이 있습니다. 평범한 소들 사이에서 한 마리의 보랏빛 소가 등장하자 사람들이 그 소에 주목하고 열광하기 시작했습니다. 그런데 보랏빛 소가 수만 마리로 늘었다면 어떻게 될까요? 보랏빛 소에 계속 열광할까요? 그렇지 않습니다. 아무도 눈길을 주지 않을 것입니다. 이럴 때는 분홍빛 소(Pink Cow)가 등장해야 합니다. 사람들의 시선을 빼앗으려면 말이지요. 저의 강점은 이것이었습니다. 저는 한때 보랏빛 소가 되었고, 또다시 분홍빛 소가 되기 위해 노력하고 있습니다. 이색적이고 희소성이 있어야 주목을 받고 가치를 발휘할 수 있기 때문입니다.

제가 업로드하는 포스팅(posting)을 보며 동기부여와 자극을 받고 실제로 삶이 변화되었다는 분들이 있습니다. 반대로 메시지와 피드백을 통해 저에게 자극을 주는 분들도 많이 있습니다. 이런 경험을 할 때마다 보람을 느낍니다.

저는 포스팅을 한 후에도 댓글을 통해 계속 대화를 이어가는 편입니다. 워낙 많은 글이 올라오다 보니 다 대답해드리지는 못하지만, 최대한 노력합니다. 그 이유는 딱 하나입니다. 소통은 함께 하는 것이지 제가 혼자 하는 것이 아니기 때문입니다. 이러한 소통 속에서 사람의 향기를 느끼고 서로를 기억하는 것입니다.

SNS는 직접 사람들을 만나지 않더라도 자신을 알릴 수 있는 최고의 플랫폼이다. 그러므로 콘텐츠가 넘쳐나는 기성세대가 지금부터라도 SNS를 활용한다면 은퇴 후의 인생을 새롭게 열어가는 계기가 될 것이다.

사람을 이용하는
사람들

SNS에서 자신을 알리는 가장 빠른 방법은 성공한 사람의 추천을 받는 것이다. 그래서 그에게 접근하려는 사람들이 많다. 그런데 성공한 사람을 자신을 알리기 위한 수단으로만 삼는 경우도 적지 않다. 이장우 박사는 이에 대해 어떤 생각을 가지고 있을까?

　저에게 도움을 요청하는 사람들이 저를 이용하는 것이라고 이야기 한다면, 저는 전혀 개의치 않습니다. 이용당한다고 생각지도 않을뿐더러 제가 도움이 된다면 그 자체로 기쁨입니다. 분명 저에게 요청하는 사람들은 자신이 처한 상황이 어렵기 때문일 것입니다. 때로는 아주 절박한 상황에 직면해 있기도 할 테지요. 그런데 만약 제가 단호하게 대응한다면 어떻게 되겠어요. 그들은 희망을 잃고 더욱 절망적인 상태가 될 것입니다. 그리고 저를 이용하려고 하는 사람들은 모든 것을 포기한 채 아무것도 하지 않은 사람들보다는 노력하는 사람이라고 생각합니다. 그래서 그들에게 힘이 되어 주고 싶은 것이죠. 제가 그들의 상사나 선배는 아니지만, 같은 시대를 살아가는 인생의 선배임에는 분명합니다. 이런 저를 통해 조금이라도 좋아질 수 있다면 그 또한 다행스러운 일이 아닐 수 없습니다. 아울러 때로는 못이기는 척하고 그러려니 하며 살아야 합니다. 시시콜콜 따지다 보면 불필요한 충돌이 일어나고 사회는 삭막해집니다. 저의 이런 행동들이 사회에 큰 변화를 가져오지는 않겠지만, 그래도 저부터라도 시도하고 싶습니다. 어쨌든 저는 그들의 인생 선배이니까요.

가능한 한 자신을 이용할 수 있게 해주려고 한다는 이장우 박사. 그는 베풂과 나눔을 실천하는 사람이다. 그런데 그에게도 이용하고 싶은 사람이 있지 않을까? 어떤 사람일까?

막걸리 · 위스키 같은 인간관계를 원해

저는 많은 사람들을 만납니다. 그중에는 마치 간, 쓸개를 다 빼줄 것처럼 구는 사람도 있습니다. 하지만 대개 그때뿐입니다. 다시 못 보는 경우가 허다합니다. 저는 사람을 섣불리 판단하지 않습니다. 제대로 알 때까지 판단을 유보하는 편입니다. 하지만 확실한 판단이 서면 제가 줄 수 있는 모든 것을 주려고 합니다. 좋아하는 사람을 위해 주는 것 자체가 좋아서입니다.

저는 시간이 가면서 서서히 숙성되는 막걸리, 위스키 같은 인간관계를 원합니다. 모든 일이 그렇듯 갑자기 뜨거워지거나 금세 식어버리는 것은 좋지 않습니다. 인간관계는 더 그렇습니다. 만약 제가 사람을 이용한다면 오랜 관계가 가능한 사람을 이용하고 싶습니다. 그렇지 않으면 서로에게 부담이 되어 관계가 어긋나기 쉽기 때문입니다.

사람의 마음을 얻기란 참으로 어렵습니다. 부모 자식 간에도 쉽지 않습니다. 그래서인지 마음 얻기를 포기하고 사는 사람을 종종 보게 됩니다. 그는 사람의 진정한 가치를 모르는 사람입니다. 안타까운 마음이 들지요. 사람은 서로 관계를 맺으며 살아가야 하고, 이를 위해서는 상대방의 마음을 얻을 수 있어야 합니다.

사람의 마음을 얻으려면 그의 가치를 알고 도움을 주면서 적극적으로 교류해야 합니다. 정성을 다해 대하고 베풀어야 합니다. 또 꾸준해야 합니다. 그래야만 마음이 전달되어 그의 마음을 얻을 수 있습니다.

SNS에서는 오늘도 수많은 사람들의 대화가 실시간으로 오가고, 교류가 일어나고, 콘텐츠가 옮겨 다닌다. '좋아요'를 누르고, 내가 보낸 메시지에 대한 사람들의 반응을 살핀다. 그러다 보니 한시도 SNS를 떠나서는 살 수 없다는 사람들이 많다. 가히 중독 수준이다. 우리는 이를 어떻게 봐야 할까?

스마트폰 중독, 어떻게 해야 할까

지갑은 안 챙겨도 스마트폰은 꼭 챙긴다는 사람들이 늘어가고 있다. 아침에 눈을 뜨면 가장 먼저 스마트폰을 잡고, 밤에도 손에서 놓지 않은 채 잠이 드는 사람들도 있다. 그들은 스마트폰이 없으면 불안하다고, 심지어 두렵다고 말한다. 심각한 문제가 아닐 수 없다. 해결 방법은 무엇일까?

중독이 무조건 나쁜 것은 아닙니다. 오히려 인생에서 단 한 번도 무언가에 중독되어보지 못한 사람의 삶은 허망하다고 할 수 있습니다. 의미 없는 삶을 살았다고 해도 과언이 아니죠. 중독이 위험한 것은 이로 인해 나타나는 문제적 증상 때문입니다. 흔히 중독의 나쁜 점을 이야기할 때는 정신적인 의존증이 심해졌을 때입니다. 물론 아무것도 하지 않으면서 스마트폰이 없을 때 불안해진다면 위험합니다. 하지만 스마트폰에 중독된 사람들을 보면 단순히 스마트폰이라는 하드웨어 기기에 중독된 것은 아닙니다. 그 속에 존재하는 수많은 콘텐츠들 중 하나에 중독된 것이지요. 저는 최근 여행 관련된 콘텐츠에 중독되어 있습니다. 스마트폰을 통해 여행과 관련된 정보들을 지속적으로 검색하고, SNS를 통해 다른 사람들의 여행 이야기를 보고 있습니다. 그러다 트래블토크(Travel Talk)를 진행하기에 이르렀지요. 여러분들은 어떤가요? 최근 중독되었다고 할 만큼 무언가에 빠져본 적이 있나요? 오히려 제가 물어보고 싶은 부분입니다.

저에게도 SNS 중독 증세가 있습니다. 한번은 발리로 여행을 가서 핸드폰 배터리가 방전되는 사태가 벌어졌습니다. 그 순간 너무 초조하고 불안했습니다. 그 이후로 아이폰과 아이패드 2개를 항상 소지하고 다니게 되었습니다. 저는 스스로를 '소셜족'이라고 부릅니다. SNS 없이는 살 수 없는 사람입니다. 아침에 일어나자마자 SNS를 확인하고, 잠들기 전에도 확인합니다. 하루의 시작과 끝을 SNS와 함께 보내는 것입니다.

　하지만 제가 SNS와 거리를 두는 시간이 있습니다. 책을 보거나 자료를 찾을 때만큼은 스마트기기를 보지 않습니다. 저만의 시간을 갖기 위해서입니다.

　다른 중독과 마찬가지로 스마트폰 중독도 선택과 단절이 중요합니다. 그래야 중독의 폐해에서 벗어날 수 있습니다. 하드웨어가 아니라 필요한 콘텐츠를 선택하고, 사람들의 반응에 연연하지 말고, 혼자만의 시간을 가질 필요가 있습니다. 한마디로 균형을 맞추기 위해 노력해야 합니다.

　이장우 박사는 최근 콘텐츠에 중독될 수 있는 유용한 매개체로 빙글(Vingle)을 추천한다. 다른 SNS들이 사람을 팔로하는 방식인 것과 달리, 빙글은 콘텐츠를 팔로하도록 구조화되어 있다. 아주 이색적이면서도 어렵지 않게 콘텐츠에 중독될 수 있게 해준다. 이 박사의 빙글은 시작한 지 불과 한 달 만에 조회수 600만을 기록했다고 한다. 많은 사람들이 콘텐츠에 목말라 있고, 콘텐츠에 중독되기를 바란다고 볼 수 있겠다.

"SNS는 퍼스널브랜드의 핵심 플랫폼"

우리는 현재 소셜(Social)시대를 살고 있다. 실시간으로 전 세계의 정보와 소식을 접할 수 있었던 온라인시대를 넘어 이제는 어디서나 동시에 같은 경험을 공유할 수 있다.

소셜시대에는 누구나 쉽게 주인공이 될 수 있다. 다시 말해서 퍼스널브랜드를 구축하기가 쉬워졌다. 좋은 예가 있다.

프랑스 파리에서 개최된 'SNS 콘퍼런스'에서 만난 라몬 드리온(Ramon DeLeon)이 주인공이다. 그는 미국 시카고에서 도미노피자 프랜차이즈를 운영하는 평범한 피자가게 주인이었다. 그는 자신의 피자가게를 홍보할 생각으로 트위터를 사용하기 시작했고, 그렇게 시작한 SNS 활동이 그를 세계적인 유명 인사로 만들어주었다. 그가 올린 콘텐츠에 사람들이 열광하여 폭발적인 반응이 이어졌고, 그가 운영하는 가게에도 그와 이야기를 나누고 사진을 찍고 싶어 하는 사람들의 발길이 끊이지 않았다. 이렇게 해서 평범한 피자가게 주인은 도미노피자보다도 더 유명한 존재가 되었고, 트위터 활용 방법을 강의하는 강사로서 새로운 인생을 살게 되었다.

SNS의 주인공이 되려면 사람들에게 필요한 무언가를 끊임없이 제공해야 한다. 명확한 콘셉트를 중심으로 소통하는 가운데 자신만의 영역을 구축해나가야 한다. 꼭 자기 업무와 관련된 것이 아니어도 괜찮다. 직업이나 성별, 나이를 불문하고 상대방을 친구로 만들 수 있는 내용이면 된다. 상대방이 누구든 동등하게, 진정성을 가지고 대화해나가면 어느새 주인공이 되어 있는 자신을 발견할 수 있다.

나눌수록 커지고
나눌수록 구체화되고
나눌수록 더 많이 이루어집니다.
그것이 무엇일지라도.

REAL과의 소통
'토크 시리즈'

이장우 박사는 다양한 토크 시리즈(The Talk)를 진행하고 있다. 각 분
야에 맞는 주제를 설정하여 유용한 콘텐츠를 제공하고 사람들과 이야
기를 나누면서 공감을 이끌어낸다. 시간을 쪼개 써야 할 정도로 바쁜
일상을 보내는 그가 공을 들여 토크 시리즈를 진행하는 이유가 무엇
일까? 또 그 안에 담긴 내용은 무엇일까?

꿈을 응원하는
'드림토크(Dream Talk)'

저는 처음에 드림토크를 구상할 때
부터 저 혼자 꿈에 대해 이야기하는 것보다는 발표자(guest speaker)
와 함께 이야기하는 것이 좋겠다고 생각했습니다. 그리고 청중 가운데
두세 분이 나와 꿈을 이야기하고 공유하는 방식으로 진행하려고 했습
니다. 꿈은 나눌수록 커지기 때문입니다. 이런 생각으로 드림토크를
시작했고, 소문을 타고 많은 분들이 참여하게 되었습니다.

뜨겁게 달아올랐다가 바로 식어버리는 꿈은 꿈이 아닙니다. 차라리
꾸지 않는 것만 못합니다. 의미 없는 시간 낭비일 뿐입니다.

꿈이란 갈수록 커지고, 구체화되고, 조금씩이라도 이루어나가야 하
는 것입니다. 진정한 꿈은 무언가를 행하는 것, 즉 REAL입니다. 설사
이루어지지 않더라도 불행해하거나 슬퍼할 필요가 없습니다. 꿈을 갖
는 것 자체가 행복한 일이기 때문입니다.

꿈은 젊은이들만의 전유물이 아닙니다. 오히려 꿈은 나이를 먹을수
록 더 커지는 것 같습니다. 처음에 드림토크를 진행할 때는 나이 많은
분들이 별 반응을 보이지 않았습니다. 2030세대의 젊은 친구들과는
달랐지요. 그런데 시간이 갈수록 호응이 커지는 것이었습니다. 드림토
크에 참여한 분들이 자극을 받고 주변에 널리 알렸던 것입니다.

저는 꿈을 꾸는 사람은 누구나 응원을 받아야 한다고 생각합니다.

드림토크에 참석한 많은 분들도 저와 같은 생각으로 공감해주었습니다. 갈수록 호응이 커질 수 있었던 것도 이 때문이라 생각합니다. 누구나 꿈에 대해 이야기하고, 다른 이의 꿈을 응원하면서 자신의 현재를 되돌아볼 수 있게 하는 시간을 가지는 것이지요. 제가 바쁜 일정을 보내면서도 직접 드림토크에서 자신의 꿈을 이야기할 주인공을 섭외하며 준비하는 것도 꿈을 가진 REAL한 삶을 응원하기 때문입니다.

돈의 속박에 갇힌 꿈이 후회를 낳는다

우리는 자본주의사회에서 살아가고 있기 때문에 항상 꿈과 돈을 결부시키게 됩니다. 생존의 문제이므로 어쩔 수 없는 일이긴 합니다. 하지만 여기서 탈피하지 못하면 죽을 때까지 돈의 속박에서 벗어날 수 없습니다. 결국 후회 많은 인생을 살게 됩니다.

긴 인생의 흐름으로 보면 50살을 사나 60, 70살을 사나 비슷합니다. 중요한 것은 꿈을 이루며 살았는가입니다. 오래 사는 것보다 후회 없이 사는 것이 더 중요합니다.

저는 로버트 프로스트(Robert Frost)의 '가지 않은 길(The Road Not Taken)'이라는 시를 무척 좋아합니다. 3M과 이메이션에서 보낸 30여 년간의 생활을 정리하면서 이 시를 전 세계의 동료들에게 보내기도 했습니다. 직장생활을 접고 새롭게 시작하는 일이 전에는 가보지 못한 길을 가는 것이기 때문입니다.

Two roads diverged in a yellow wood,
단풍 든 숲 속에 두 갈래 길이 있었어요

And sorry I could not travel both
두 길을 모두 갈 수 없는 것을 아쉬워하며

And be one traveler, long I stood
나그네 되어 한참을 서서

And looked down one as far as I could
멀리 끝까지 바라보았지요

To where it bent in the undergrowth;
덤불 속으로 꺾여 내려가는 한쪽 길을

Then took the other, as just as fair,
그리고 똑같이 아름다운 다른 길을 선택했어요

And having perhaps the better claim,
그럴 만한 이유가 있었지요

Because it was grassy and wanted wear,
풀이 우거지고 인적이 적었기에

Though as for that the passing there
하지만 그 길도 걷다 보면

Had worn them really about the same,
거의 같아지겠지요

And both that morning equally lay
그날 아침 두 길은 똑같이

In leaves no step had trodden black.
아무도 밟지 않은 낙엽으로 덮여 있었어요

Oh, I kept the first for another day!
아, 나는 훗날을 위해 한쪽 길을 남겨두었어요

Yet knowing how way leads on to way
길은 다른 길로 이어진다는 걸 알기에

I doubted if I should ever come back.
다시 돌아올 것을 의심하면서

I shall be telling this with a sigh
나는 한숨을 쉬며 이야기하겠지요

Somewhere ages and ages hence:
먼 훗날 어디에선가

Two roads diverged in a wood, and I-
숲 속에 두 갈래 길이 있었고, 나는

I took the one less traveled by,
사람이 적게 다닌 길을 선택했노라고

And that has made all the difference.
그것으로 모든 것이 달라졌다고

이런 생각도 해보았습니다. 6개월밖에 살지 못한다면 무엇을 할 것인가? 저라면 주변을 빨리 정리하고 여행을 떠날 것입니다. 가보지 못한 길을 가봐야 하기 때문입니다.

다른 시각으로 보면 자신이 6개월밖에 살지 못한다는 사실을 아는 사람은 행복한 사람일 수 있습니다. 죽기 전에 가보고 싶었던 길을 갈 수 있을 테니까요. 아무런 준비 없이 죽음을 맞이하는 이들이 얼마나 많은가요.

우리는 유한한 존재입니다. 주어진 시간 안에 가고 싶은 길을 가봐야 합니다. 가본 사람과 가보지 않은 사람의 인생은 확연히 다를 수밖에 없습니다.

우리 시대의 아버지들은 꿈을 잊고 살아왔습니다. 그래서 어려운 노년을 살게 되는 것입니다. 무엇을 해야 할지도 모르고, 무엇을 할 줄도 모릅니다. 다시 말해 WHAT, WHY, HOW를 모르는 것입니다. 기능적으로 살아왔고, 자기 주도적인 삶을 살지 못했기 때문입니다. 게다가 가족들로부터도 외면을 당합니다. 평소에 가족과 어울려 지내지 못한 탓입니다. 회사를 나오면서 모든 관계가 끝나버리는 것입니다. 그래서 나이가 들수록 더욱더 자신만의 꿈이 필요하다고 생각합니다. 자신의 삶의 주체가 될 수 있는 힘은 꿈에서 나옵니다.

경험은 인생의 선물

 햇수로 2년이라는 기간 동안 드림토크를 진행해오면서 기억에 오래 남은 분들이 있습니다. 모든 분들이 자신의 꿈에 대한 열정과 자긍심으로 살아왔지만, 꿈을 통해 특별한 경험을 해온 분들입니다. 바로 유난희, 이랑주 두 분입니다. 유난희 씨는 우리나라 쇼호스트 1호로 단순히 쇼호스트로만 활동한 것이 아니라 직접 신상품을 개발하기도 했습니다. 지금까지도 활발히 활동하며 자신만의 REAL로 확고하게 자신의 역할을 해오고 있는 분입니다. 이랑주 씨는 이랜드(ELAND)에서 근무한 뒤 전 세계의 시장을 여행하며 비주얼 머천다이징(Visual Merchandising) 부분에서 독보적인 활동을 하고 있습니다. 비주얼 머천다이징이란 상품의 기획부터 매장 전시까지의 모든 과정을 설계하는 일입니다. 전체적으로 감각적인 특징을 갖추어야 하고 고객에게 통일감 있는 이미지를 호소할 수 있어야 하죠. 이를 위해 전 세계의 시장을 돌아보며 직접경험을 쌓았던 것입니다. 이 두 분의 드림토크는 저뿐 아니라 참석한 청중들에게도 큰 울림을 주었습니다. 직접 경험한 살아 있는 이야기에 감동할 수밖에 없었던 거죠. 이렇듯 경험은 매우 중요합니다. 특히 꿈을 이루어나가는 과정에서 쌓은 경험은 강력한 무기가 되어 인생을 주도적으로 살게 합니다.

영감의 끌림
'커피토크(Coffee Talk)'

제가 커피를 처음 접한 것은 고등학교 시절 다방에서였습니다. 당시에는 다방을 출입하면 학교에서 정학 처분을 받았습니다. 언제나 어른들이 커피 한잔을 앞에 두고 이야기를 나누는 모습이 멋져 보였고, 그 커피 맛이 궁금했습니다. 그렇게 호기심에 다방에 들어가 커피를 마셔보았습니다. 하지만 기대했던 것과 달리 커피는 맛이 없었습니다. 설상가상 호랑이 선생님으로 불리던 학생주임 선생님을 만나게 되었죠. 다행히 처벌은 면했지만, 꾸중을 들어도 좋을 만큼 맛이 있지도 않았던 커피에 다시는 호기심이 일지 않았죠. 저의 커피에 대한 첫 기억은 이렇게 실망감만 안겨주었습니다. 그리고 한참 세월이 흘러 남산에 있는 브라운하우스 앞을 지나다가 커피를 마시게 되었습니다. 그런데 커피가 너무 맛있었습니다. 예전의 커피와는 달랐죠. 그때와 무엇이 다른 것일까라는 생각이 들었고, 이것이 또 다시 커피에 대한 저의 호기심을 자극했습니다. 커피를 배워볼까 하는 생각이 들었습니다. 2011년 7월, 커피학원에 등록을 했고, 그 후 커피 공부를 더 하기 위해 발리로 갔습니다. 발리 우붓에 있는 농장을 방문하고, 본격적으로 공부했습니다. 한국에 돌아와서도 공부를 계속했습니다. 한국에서 커피 1인자로 알려진 서필훈 선생에게 커피 감별법도 배웠습니다. 그러고도 커피에 대한 공부가 부족하다고 여겨 미국으로 커피 아이디어 탐방을 떠났습니다. 6개 도시를 다니며 그곳의 전문가에게 리얼 커피(REAL COFFEE)를 전수받았습니다. 이런 경험들로 커피 세계에 눈을 뜨게 되었습니다.

2011년 12월 28일, KT 올레스퀘어에서 열린 '오종철쇼'를 통해 처음으로 커피 강연을 했습니다. 미국으로 커피 아이디어 탐방을 다녀온 직후였습니다. 커피에 대한 강의가 생소했던 때였지만 많은 분들이 참석하여 커피에 대한 다양한 이야기를 나누었습니다. 이후 〈포커스신문〉과 손을 잡고 국내외 커피 전문가를 인터뷰하여 커피토크를 강의가 아닌 칼럼 형식으로 진행하기도 했습니다. 칼럼을 위해 커피 전문가 30인과 인터뷰를 가졌습니다. 그 인터뷰를 통해서도 저는 커피에 대해 많은 것을 배웠습니다. 이분들 모두가 저에게는 커피 스승인 것입니다. 아마도 저만큼 커피 스승이 많은 사람도 없을 것입니다. 제게는 굉장한 복이었죠.

커피는 영감의 끌림을 주는 존재

커피가 좋은 이유 중 하나는 영감의 끌림을 주기 때문입니다. 커피는 몸과 마음을 릴랙스(relax)시키고 활력을 선사해줍니다. 이런 편안한 상태는 영감을 불러일으키기 좋은 상황을 만들어줍니다. 우리가 아침을 커피로 시작하는 이유도 이 때문일 것입니다. 커피 한잔의 여유를 가지라고 이야기하는 것도 같은 맥락이고요. 또한 콜라나 에너지음

료를 통해 흡수되는 카페인은 인공적으로 제조되어 많이 섭취하면 몸
에 좋지 않지만, 커피에서 흡수되는 카페인은 이보다는 몸에 이롭고
적게 마셔도 활력을 느끼게 해줍니다. 커피에 대한 좋은 점을 이야기
하자면 하루 종일 이야기해도 부족할 따름입니다. 저에게 커피는 그런
존재입니다.

　저는 스스로 만든 레시피를 '개드립'이라고 표현합니다. 표현이 과
격하게 들릴지 모르겠지만, 일정한 폼(form)이 없이 저만의 레시피로
만들어 마시는 커피를 일컫는 말입니다. 우선 압력이 센 분쇄기로 원
두를 갈아 저만의 방식으로 커피를 만듭니다. 그리고 100도의 끓는
물을 준비합니다. 보통 커피의 물은 80~90도 정도에 맞추지만 저는

그보다 높은 온도의 물로 커피를 내립니다. 핸드드립으로 커피를 내릴 때 뜸을 들이는데 그 횟수를 줄이기 위해서입니다. 보통은 3~4번 반복하지만, 저는 2~3번만 들입니다. 그렇게 만들어진 커피를 그냥 마시지 않고, 또 다시 물을 많이 섞습니다. 그 순간 제가 생각하는 최고의 커피가 탄생합니다. 다른 사람의 입에 맞을지는 모르겠지만, 우선 저에게는 최고의 커피가 됩니다. 언제나 그렇게 만들어진 커피로 하루를 시작합니다. 원두를 갈고 뜨거운 물을 준비하는 순간부터 한 잔의 커피를 마시기까지의 과정이 저에게는 진정한 커피를 즐기는 시간입니다.

무한 매력
'치즈토크(Cheese Talk)'

치즈는 서양 요리의 기본 원료입니다. 지금은 우리나라에서도 다양한 음식의 재료로 쓰이고 있지요. 제가 치즈에 관심을 갖고 공부하게 된 것은 그야말로 '우연'이었습니다. 평소 와인을 즐기는 저는 안주로 간단하게 치즈를 곁들여 왔습니다. 자연히 치즈를 자주 접할 수밖에 없었습니다. 국내에 유통되고 있는 치즈 외에도 더 많은 치즈를 맛보고 싶었고, 그렇게 치즈에 대해 알아보면서 더 깊게 치즈에 대해 알고자 하는 호기심이 일었습니다. 한 권 두 권 치즈에 대한 책을 구입하여 읽게 되었고, 제대로 배워보자는 생각으로 치즈 아이디어 탐방까지 계획하게 된 것입니다. 저는 우연을 굉장히 좋아합니다. 제 인생에 변화를 가져다 준 선택들도 우연인 경우가 많았습니다. 우연한 치즈와의 만남이 현재의 저를 만든 것처럼 말입니다.

치즈를 공부하면서 치즈의 무한 매력을 느끼게 되었습니다. 누구보다 치즈를 사랑하는 사람이 되었지요. 아울러 치즈토크를 통해 치즈시장을 키우고자 하는 새로운 목표도 생겼습니다. 특히 2030 젊은이들이 치즈시장에 진출하여 개성 있고 다채로운 치즈를 만들어 수입을 창출하기를 희망합니다.

저는 2030의 관심을 얻어야 비즈니스가 성공한다는 철학을 가지고

있습니다. 2030은 생산자로서, 소비자로서 붐을 일으키는 데 결정적인 역할을 합니다. 특히 2030 여성이 중요합니다. 2030 여성들이 움직이지 않는 시장은 가능성이 없습니다. 그들의 입맛과 눈길을 사로잡아야 합니다. 우선 이를 위해서 선결되어야 할 것이 있습니다.

치즈에 관한 각종 규제를 풀어야 합니다. 특히 비살균 우유를 제재하는 상황을 고쳐야 합니다.

치즈와 친해지기 쉬운 방법

치즈가게에 가서 카망베르(Camembert), 브리(Brie), 체다(Cheddar)를 사서 맛을 느껴보세요. 치즈를 안주 삼아 와인이나 맥주를 마셔도 참 좋습니다.

요즘에는 '뉴치맥'이 뜨고 있습니다. 기존의 '치맥'이라고 하면 치킨과 맥주의 조합을 이야기했지요. 뉴치맥은 치즈와 맥주를 말합니다. 국내에서 크래프트맥주(수제맥주, craft beer)시장이 급성장하고 있는 가운데 뉴치맥이 새롭게 각광을 받고 있습니다. 크래프트맥주를 치킨과 함께 먹으면 치킨 맛이 강해 진정한 맥주의 맛을 느낄 수 없는 데 반해, 치즈랑 먹으면 그 고유한 맛이 살아납니다. 와인에만 어울린다고 생각했던 것에서 변화가 일어나고 있지요. 또한 치즈는 여성들의 다이어트에도 도움이 된다고 알려져 있습니다. 많은 사람들이 이미 치즈 다이어트를 경험하고 있지요. 우리에게 친숙한 치즈 외에도 다양한 치즈가 존재합니다. 그 치즈를 찾아내고 맛보는 것이 치즈와 친해지는 가장 좋은 방법입니다. 아울러 치즈시장을 활성화하는 방법이 되기도 하고요.

맥주의 참맛을 알게 해주는
'비어토크(Beer Talk)'

미국에서 일하던 시절 저는 뉴욕의 한 술집(Taproom No.307)에서 저녁식사를 하면서 마셨던 크래프트맥주의 맛을 아직도 잊을 수가 없습니다. 미국은 크래프트맥주가 발달되어 있습니다. 크래프트맥주는 소규모 맥주양조장에서 만들어진 맥주로 우리가 흔히 마트나 편의점에서 만날 수 있는 대량 생산된 맥주와는 다릅니다. 크래프트맥주가 활성화되면 소비자들이 다양한 맥주의 맛을 경험할 수 있게 됩니다. 소규모 맥주양조장들이 자신만의 콘셉트와 레시피를 바탕으로 독특한 맥주를 만들어내기 때문입니다. 전 세계적으로 불고 있는 크래프트맥주 열풍이 한국에서도 일어나고 있습니다. 이미 맥주 애호가들은 다른 나라의 크래프트맥주를 직접 구하여 맛보며 즐기고 있기도 하죠. 점점 크래프트맥주를 원하는 소비자들이 늘어나게 되면서 자연스럽게 맥주시장의 변화가 일어나고 있는 것이 지금의 현실입니다. 대형 맥주회사들이 주도하고 있던 국내 맥주시장에도 지각변동의 바람이 불고 있습니다. 경쟁이 치열해짐은 말할 것도 없고요. 하지만 중요한 것은 이 경쟁에서 이기기 위해서는 대형 기업들의 마케팅이 아닌 맥주 본연의 맛, 그 본질에 초점을 두어야 한다는 것입니다.

지금은 맥주가 기호식품이고, 식사를 하면서도 간단하게 즐기는 음료로 인식되어 있습니다. 하지만 역사 속의 맥주는 꼭 필요한 식음료였습니다. 물이 깨끗하지 않았던 과거의 유럽에서는 물을 그대로 마시면 수인성 전염병으로 죽음에 이르기도 했습니다. 유럽 사람들은 물을 대신해 맥주를 만들어 마셨고, 자연스레 맥주문화가 발달하게 되었습니다. 발효 방법에 따라서도 달라지고 첨가 물질에 의해서도 달라지는 맥주의 맛은 그들에게 또 다른 삶과도 같았습니다. 이와 함께 유럽의 맥주에는 오랜 역사만큼이나 다양한 이야기들이 어우러지게 되었습니다. 그 이야기들과 함께 맥주를 마신다면 그 맛이 배가됩니다.

하지만 무엇보다 우리에게 필요한 것은 다양한 맥주의 맛을 볼 수 있는 환경을 만드는 일입니다. 지금의 우리는 진정한 맥주의 맛을 모르는 채로 맥주를 마신다고 볼 수 있습니다. 선택과 비교의 대상이 별로 없기 때문입니다. 다양함을 맛볼 수 있을 때 맥주의 참맛도 알 수 있게 됩니다.

맥주는 카프레제 샐러드와 함께

맥주를 즐기는 방법은 다양합니다. 어떤 안주와도 어울리고요. 여기에는 정답이 없는 것입니다. 그저 맥주만을 마시는 것도 맥주를 즐기는 방법이 될 수 있습니다. 저의 경우는 카프레제(caprese) 샐러드와 함께 맥주를 즐깁니다. 카프레제 샐러드는 토마토와 모차렐라 치즈, 바질을 넣어 만드는데 간단하면서도 맥주와 잘 어울립니다. 분명 맥주와 어울리는 안주는 자신만의 비법들이 있으리라 생각합니다. 중요한 것은 맥주를 건강하게 즐기는 것입니다.

이장우 박사는 지속적으로 다양한 주제의 토크 시리즈를 진행한다. 이토록 이장우 박사가 토크 시리즈에 힘을 쓰는 이유는 사람들에게 새로운 시각을 제공하여 미래의 가능성을 함께 열어가려는 의도가 담겨 있다. 그래서 그의 토크는 남다르다. 하나의 주제를 뿌리부터 깊이 있게 탐색하고 우리가 전혀 생각하지 못한 요소들을 환기시켜준다. 형식도 새롭다. 같은 주제를 다루면서도 매회 다른 내용으로 토크를 구성한다. 그의 토크 시리즈가 인기를 끄는 이유다. 그 뒤에는 재미있고 유익한 토크를 위해 수백 권의 책을 독파하고, 세계 곳곳으로 아이디어 탐방을 떠나는 이 박사의 노력이 숨어 있다.

평범한 직장인이 어느 날 작가가 되었습니다.
'그'를 선택해서
그의 선택을 받은 결과입니다.

선택받는 사람에게는 '이것'이 있다

인생에서 성공하는 가장 중요한 요소는 선택이다. 무엇을 선택하느냐가 성패를 결정한다. 선택에는 많은 조건들이 따른다. 그중 빠르게 성공의 지름길로 가고 싶다면 사람을 선택해야 한다. 그를 통해 성공의 속도가 빨라지고, 도움을 받을 수 있기 때문이다. 문제는 그의 선택을 받아 손을 잡을 수 있느냐다.

이장우 박사는 자신이 걸어온 분야에서 큰 성공을 거두고 책도 여러 권 집필한 유명인이다. 그런데 새로운 형식의 책을 집필하면서 무명인의 손을 잡아주었다. 얼마든지 명성 있는 작가와 더불어 작업할 수 있었을 텐데도 말이다. 무엇이 그의 마음을 움직였을까?

이장우 박사의 마음을
움직인 '정성'

저는 무엇을 판단할 때 혼자 고민하기보다 가까운 사람들의 의견을 물어보는 편입니다. 평범한 직장인인 이지용 씨가 저와의 인터뷰를 바탕으로 만들어준 소책자를 보고 감탄했고, 그의 손 편지 내용에 감동했습니다. 저보다 아내가 더 큰 감동을 받았습니다. 그러면서 정식으로 출판해보라고 권하는 것이었습니다. 그래서 이지용 씨에게 제안을 하게 되었습니다.

중요한 성공 공식이 있습니다. 항상 열려 있어야 한다는 것입니다. 내가 닫혀 있으면 다른 사람의 말이 들어오지 않습니다. 다시 볼 수 있는 기회를 놓치게 되는 것입니다. 물론 닫힌 사람들 중에도 대단한 분들이 있고, 열려 있다고 해서 100% 성공한다고 단정할 수 없지만, 닫힌 만큼 시야가 좁아지고 아이디어가 줄어든다는 사실은 부정할 수 없습니다.

상대방에게 다가갈 때는 성급하면 안 됩니다. 특히 일면식도 없는 사람에게는 서서히 다가가야 합니다. 성급하게 다가가면 상대방이 불편을 느껴 더 멀어지게 됩니다. 이것이 관계의 기술입니다.

모든 것에는 때가 있고, 살다 보면 반드시 때가 오는 법입니다. 그때를 잡기 위해서는 먼저 자신이 준비되어 있어야 합니다. 그리고 느긋하게 기다릴 줄 알아야 합니다. 인간관계도 다르지 않습니다. 시간을 갖고 다가가야 합니다. 서두르면 쉽게 실망하게 되고, 결국 때를 놓치게 됩니다.

인생은 아무도 몰라

지금 명성을 떨치고 있는 작가들도 처음에는 아무도 알아주지 않던 시절을 보냈을 것입니다. 바닥을 기던 무명 시절이 있기 마련인 거죠. 그런 힘든 시절을 거쳐 각고의 노력 끝에 유명 작가의 반열에 오를 수 있었던 것입니다.

인생은 아무도 모릅니다. 평범한 직장인이 책의 저자가 될 줄 누가 알았을까요? 이지용 씨가 어떤 노력을 기울였는지는 더더욱 모를 것입니다. 제가 만약 알려진 작가와 작업을 했다면 더 유리했을 수도 있습니다. 하지만 평범한 사람의 시각으로 저를 바라본다면 기존의 책들과는 다른 책이 나올 수 있겠다고 생각했습니다. 결국 작은 아이디어 하나가 결실을 보게 된 셈입니다.

성공한 사람들은
누구를 선택할까

원하든 원하지 않든 우리는 종종 선택의 기로에 서게 된다. 그것이 물건이라면 그나마 판단을 내리기가 쉬울 것이다. 하지만 사람이라면 이야기가 달라진다.

정성에 감동받아 한 사람의 손을 잡아준 이장우 박사에게 다시 물었다. 여러 사람들 중에서 한 사람하고만 손을 잡아야 한다면 누구를 선택할 것인가?

사람은 기본적으로 친숙한 느낌의 사람을 좋아합니다. 저도 예외가 아닙니다. 처음부터 친숙한 느낌을 주는 사람도 있지만, 대부분은 잦은 만남에서 친숙함이 생깁니다. 그래서 자주 만나는 게 중요합니다. 그러면 상대방의 맘에 들게 되고, 그의 선택을 받아 도움을 얻을 수 있습니다. 제가 이지용씨의 손을 잡게 된 것도 그랬습니다. 친숙함이 관건입니다. 심플하지만 선택의 정답이 여기에 있습니다.

추천을 받으려면 '초전문성'을 가져야

성공은 결코 혼자 이루는 것이 아닙니다. 누군가의 도움이 필수적입니다. 특히 추천이 강한 힘을 발휘합니다. '추천을 많이 받는 것', 이것이 우리 인생에 성공을 가져옵니다.

추천을 많이 받으려면 본질적인 것, 즉 '초전문성(hyperspecialization)'이 필요합니다. 초전문성의 좋은 예로 허니듀 래빗(HONEYDEW RABBIT)이 있습니다. 이 회사는 일반 가구 디자인은 하지 않습니다. 오로지 아기 전용 소파만 디자인합니다. 수천 가지 가구 디자인 중에서 한 가지에만 집중하는 것입니다. 이렇게 자기 영역을 최대한 좁혀 누구도 따라올 수 없는 실력을 갖추는 것이 초전문성입니다. 예전에는 전문성만 있어도 괜찮았지만, 지금은 초전문성이 있어야 합니다. 초전문성을 갖추면 경쟁력에서 우위를 점하는 것은 물론 지속적으로 경쟁자들보다 앞서갈 수 있습니다.

정성이 성공의 기회를 만든다. 정성이라는 것은 온갖 힘을 다하려는 성실한 마음이다. 정성을 다하면 상대방의 마음을 움직이고 성공한 사람들의 선택을 받을 수 있게 된다. 비단 인간관계만 그런 것이 아니다. 나에게 주어진 일을 행할 때도 마찬가지다. 일에 정성을 기울이면 전문성, 더 나아가 초전문성을 키울 수 있고 자연스럽게 추천을 받을 수 있다. 비즈니스도 잘된다. 성실한 사람에게는 도와주려는 사람들이 많아져 성장에 가속도가 붙고 설사 위기가 닥쳐도 이내 극복할 수 있게 된다.

즉, 선택에 있어 중요한 것은 정성이라 할 수 있다. 정성을 쏟으면 선택의 기회가 많아지고 성공의 가능성이 커진다. 정성이 사람을 움직이기 때문이다.

"죽겠습니다. 제발 저 좀 채용해주세요."
당신이라면 누구를 채용하겠습니까?

우리 시대가 원하는
인재의 5가지 조건

젊은이들이 취업난에 시달리고 있다. 비단 젊은이들만이 아니라 아직 일할 의욕과 능력을 갖고 있는 중장년층의 일자리도 경쟁이 치열하다. 그런데 기업들은 구인난을 호소한다. 사람은 많은데 적합한 인재가 없다고 하소연한다. 갈수록 기업과 구직자들의 간극이 벌어지고 있다. 도대체 무엇이 문제일까? 얼핏 모순처럼 보이는 취업난과 구인난의 심화는 일차적으로 복잡한 사회구조적 문제들이 작용하고 있다. 그리고 이 시대가 필요로 하는 인재에 대한 서로 다른 시각도 한몫하고 있다. 풍부한 아이디어와 사회경제 전반에 대한 깊은 통찰력을 지닌 이장우 박사에게 인재의 조건에 대해 질문했다.

언어가
통하는가

저는 인재를 이야기할 때 저와 함께 일하는 이효미 씨의 예를 많이 듭니다. 그녀는 저를 위해 아이디어를 만들고, 저의 아이디어를 큐레이션해줍니다. 제가 미처 생각지 못한 것을 생각하게 해줍니다. 모든 면에서 저와 융복합이 잘 일어납니다. 가장 큰 장점은 제가 하는 말의 의미를 바로 알아듣는 것입니다.

조직에서 갈등이 생기는 주된 요인은 언어가 서로 다르기 때문입니다. 그 때문에 구성원들끼리 의사소통이 안 되어 오해와 의심이 일어나는 것입니다.

CEO는 언어(language)가 통하는 사람을 좋아합니다. 그는 회사에서 결정을 내리고 지시하는 사람입니다. 생각할 것도 많고 처리할 일도 한두 가지가 아닙니다. 너무 바쁘다 보니 일일이 설명할 시간이 없습니다. 그래서 짧게 말해도 뜻을 파악하여 이내 행동에 옮기는 직원을 선호합니다. 말을 해야만 움직이거나 말을 해도 알아듣지 못하는 직원은 답답할 수밖에 없습니다.

입사하고 싶은 회사가 있으면 그 회사의 CEO부터 분석해보아야 한다. 기업에서 사용되는 언어는 CEO에서부터 비롯되기 때문이다. 그리고 그 결과를 토대로 철저히 준비해야 한다. CEO가 원하는 능력을 배양하고, CEO에 맞는 언어로 의사소통할 줄 아는 감각을 갖춰야 한다. 남들과 똑같은 스펙이 아니라 회사와 CEO에 맞는 차별화된 역량을 발휘할 수 있어야 한다는 것이다.

기획력이
있는가

저는 저와 함께 일했던 많은 인재들 중에서 특별히 두 사람이 기억에 남습니다. 이메이션코리아 시절의 진태원 상무와 이인희 본부장입니다. 둘의 스타일은 달랐습니다. 이인희 본부장은 스마트(smart)해서 좋았고, 진태원 상무는 열정, 성실, 인내심이 대단했습니다. 두 사람은 신제품 개발에 들어가면 집에서도 소싱(sourcing)을 했고, 결과의 질도 상당히 훌륭했습니다. 여기에 그치지 않고 제가 아이디어를 주면 훌륭한 콘셉트로 참신한 기획안을 마련했습니다.

직장인은 무엇보다 기획을 잘해야 합니다. 직급이 낮은 사람은 더욱 기획에 매달려야 합니다. 인정을 받는 가장 확실한 길이 기획력에 있기 때문입니다.

기획을 잘하려면 먼저 리서치(research)를 많이 해야 합니다. 평소에 많은 것을 보고 다양한 활동과 공부를 통해 정보를 최대한 습득해야 합니다.

그다음엔 깊이 생각해서 통찰력을 발휘해야 합니다. 인사이트가 있어야 제대로 된 기획이 가능합니다. 통찰력을 키우기 위해서는 삼다(三多), 즉 다독(多讀), 다사(多思), 다작(多作)을 생활화해야 합니다.

기획을 할 때 처음부터 완벽하게 하려고 하지 말고 일단은 생각나는 모든 것을 적어보는 것이 좋습니다. 저도 기획이 시작되면 주변에 적을 수 있는 종이라면 어디든 무조건 적어내려가기 시작합니다. 그중에 실제 기획안에 사용되는 아이디어들은 5% 정도밖에 되지 않지만, 그것을 고치고 다듬는 작업을 반복하면서 자신만의 기획력을 키울 수 있습니다. 유념할 점은 기획은 여기서 끝나는 게 아니라는 것입니다. 다른 아이디어가 생각나면 다시 수정하는 작업을 해야 합니다. 이런 작업을 계속하다 보면 기획 감각이 남달라집니다.

기획은 늘 현재진행형입니다. 기획을 손에서 놓는 일이 없어야 합니다.

스토리가
있는가

적지 않은 저의 면접관 경험에 비추어 이야기하자면, 면접을 보다 보면 묘하게 끌리는 사람이 있습니다. 느낌(feeling)이 오는 거지요. 이 같은 끌림은 출신 학교나 스펙과는 아무 상관이 없습니다. 끌림이 있는 사람들은 표정이 다릅니다. 긍정적이고 배려하는 심성이 얼굴에 나타납니다. 그래서 많은 사람들이 그에게 호감을 느끼고 따르게 됩니다. 면접에서는 끌림과 더불어 절실함도 중요합니다. 응시생을 보면 회사에 열정을 품고 도전하러 왔는지, 단순히 일자리 하나 알아보려고 왔는지를 알 수 있습니다. 끌림과 절실함은 비과학적이고 인지적인 요소가 다분하지만 채용 결정에 상당한 영향을 미칩니다.

저는 면접을 볼 때 지원서류에 있는 항목들을 먼저 질문합니다. 제일 먼저 학점에 관한 질문을 던집니다. 이는 학점이 2.5인지 4.0인지를 확인하려는 것이 아니라 그의 스토리를 들어보려는 것입니다. 학점을 기준으로 묻는 것은 학생에게 있어 학점은 그의 대학시절을 이야기할 수 있는 실마리가 되기 때문입니다. 학점이 2.5라도 다른 무언가를 이루기 위해 애를 쓰느라 그런 것이라면 괜찮습니다. 그가 꺼내놓는 스토리를 들어보고 가치가 있다고 판단되면 후한 점수를 줍니다. 그래서 4.0의 응시생이 아닌 2.5의 응시생이 합격의 기쁨을 맛보기도 합니다. 앞으로는 이러한 스토리의 중요성이 더욱 커질 것입니다.

이장우 박사는 인재의 첫째 조건으로 스토리를 꼽는다. 이는 필자의 경험과도 정확히 일치한다.

필자가 입사한 현대자동차의 채용 과정은 서류, 인적성시험, 1차 면접, 임원 면접, 건강검진 순으로 진행된다. 서류, 인적성시험을 통과한 뒤 1차 면접을 보는 자리에서 경쟁자들의 스펙과 언변에 기가 눌렸다. 명문대생들이 대부분이었고, 화술도 아주 좋았다. 이대로 가다간 면접에서 탈락할 것이 뻔했다. 하지만 면접이 시작되고 나서 반전이 이루어졌다. 워킹비자를 받고 호주에 가서 회사에 취직하여 다양한 경험을 쌓은 필자의 스토리가 빛을 발한 것이다. 흔치 않은 이력을 보여준 스토리가 최고의 강점으로 작용하여 필자는 마침내 110 : 1의 경쟁률을 뚫고 2011년 12월 현대자동차에 입사하게 되었다.

창의력이
있는가

창의력에 관해서는 두 가지 시각이 존재할 수 있습니다. 하나는 스티브 잡스가 말한 그대로 '창의력이란 그저 사물들을 서로 연결하는 것', 즉 연결하는 능력이 창의력이라는 것입니다. 또 하나는 미국 광고계의 전설 조지 로이스(George Lois)가 쓴 《겁나게 중요한 충고(Damn Good Advice)》라는 책에서 정의한 '창의력은 창조하는 것이 아니라 찾는 것이며 발견하는 힘이다', 즉 찾거나(find) 발견(discove)하는 능력이 창의력이라는 것입니다. 그런데 사람들은 스스로 무(無)에서 유(有)를 만들어내는 것을 창의력이라고 생각합니다. 무엇이든 제로(zero)에서 시작된다는 시각에서 보면 맞는 생각일 수도 있습니다. 하지만 창의력의 본질은 그런 것이 아닙니다. 연결하고, 발견하는 것입니다.

사람들은 아이디어닥터라고 하면 모든 아이디어를 창조해낸다고 생각합니다. 그렇지 않습니다. 저는 흩어진 구슬처럼 존재하는 아이디어들을 엮고, 조합하고, 큐레이션하여 새로운 아이디어를 만들어내는 것입니다. 저의 퍼스널브랜드인 'Idea Doctor' 역시 발견과 연결의 결과물입니다. 미국의 시나리오 닥터(Scenario Doctor)라는 직업을 보고 저의 퍼스널브랜드를 만들어낸 것입니다.

하지만 모방과 창의는 구분해야 합니다. 똑같이 남의 아이디어를 이용하는데, 왜 스티브 잡스는 창의적인 사람이라고 하고, 우리나라 패션회사들은 창의력이 없다고 말하는 걸까요? 이유는 딱 하나입니다. 여러 요소들을 조합해서 자기만의 색깔을 입히느냐(창의), 아니면 그냥 가지고 오느냐(모방)의 차이입니다. 연결하고 발견한 뒤에는 반드시 자기만의 색깔, 즉 콘셉트를 입혀야 합니다. 나만의 콘셉트를 입혀야만 비로소 내 것이 되고 창의적이라는 평가를 받을 수 있습니다.

우리는 창의력이라고 하면 세상을 뒤엎을 만큼의 위력을 가지고 있어야 한다고 생각합니다. 듣는 사람 모두가 놀라고 대단하다고 외쳐야만 한다고 생각하는 것입니다. 이 때문에 창의력 콤플렉스가 생기게

사막에는 눈사람이 있으면 안 될까?

되는 것이고 창의력의 덫에 걸려들게 됩니다. 창의력의 창 자만 나와도 괴로워집니다. 창의력이란 나와는 다른 특별한 사람만이 할 수 있는 특수한 능력이라고 생각하는데, 전혀 그럴 필요가 없습니다. 창의력은 일상이지 특별함이 아닙니다. 누군가에게 문자를 보내는 것도 일종의 창의력입니다. 문자를 매번 똑같이 보내지는 않기 때문입니다. 같은 내용이라도 보내는 사람에 따라 다르게 보내게 되는데, 이때도 창의력이 발휘되는 것입니다.

창의력의 덫에서 나와야 창의력이 보입니다. 창의력에 대한 부담감을 털어버리는 순간 우리 주변에 살아 있는 무수한 창의력이 눈에 보이기 시작합니다. 가벼워질수록 더 많은 아이디어와 창의력이 나오는 것입니다.

이장우 박사는 자가용을 이용하지 않는다. 버스를 타고 전철을 타며 일상과 마주한다. 지나가는 사람, 진열되어 있는 상품, 거리 위의 풍경을 본다. 흥미를 가질 만한 요소가 나타나면 가던 길을 멈추고 그것을 관찰한다. 미팅과 미팅 사이 자투리 시간에는 커피숍에 들어가 책을 읽으며 또 다른 창의력과 만남을 가진다. 그렇게 모든 일정을 마치고 집에 돌아오면 목욕을 즐긴다. 목욕을 하면서 그날 발견한 아이디어들을 정리하고, 조합하고, 큐레이션한다. 그리고 마침내 그가 이야기하는 창의적인 아이디어가 완성된다. 한마디로 그의 일상은 아이디어와의 만남으로 시작해서 자신만의 아이디어로 끝을 맺는 것이다.

스펙을
갖추었는가

우리 사회는 스펙에 얽매여 있습니다. 스펙이라는 것이 한 사람을 평가하는 데 있어 충분하지 않은 것은 분명합니다. 그럼에도 불구하고 스펙은 중요한 부분 중 하나입니다. 다른 사람들에게 '내가 어떤 사람이다'라고 소개할 때 스펙만큼 명쾌한 것이 없기 때문입니다. 그래서 스펙을 쌓아야 합니다. 단, 목표로 하는 분야나 회사와 자신에 대한 고민을 충분히 해야 합니다. 그런 다음 그에 맞는 스펙을 개발할 수 있어야 합니다. 남들이 가는 길이라고 무조건 따라가다 보면 결국에는 남들과 똑같아질 뿐입니다. 스펙에 스토리를 입힐 수 있어야 하는 것입니다. 그럼에도 불구하고 어떤 스펙이 가장 중요한지에 대해 물어보는 사람들이 많습니다. 이때 저는 어학부터 공부하라고 이야기합니다. 세상은 언어로 이루어져 있기 때문입니다. 아울러 내가 할 수 있는 언어가 하나 늘어남에 따라 내가 만나 소통하고 공감할 수 있는 사람들은 수백 배, 수천 배 늘어납니다. 단순히 점수를 올리고 자격증을 따기 위한 어학이 아닌, 진정한 소통을 위한 어학 말이지요.

스펙은 오늘날에만 있었던 것이 아닙니다. 여러 시대를 거치면서 명칭만 바뀌었을 뿐 계속해서 존재했습니다. 문제는 시간이 갈수록 스펙의 유효 기간이 짧아진다는 것입니다. 저희 시대만 해도 스펙의 유효 기간이 꽤 길었습니다. 한 번 스펙을 만들어놓으면 평생 우려먹을 수도 있었습니다. 하지만 더 이상은 아닙니다. 변화 속도도 빠르고 넘치는 인재들 속에서 스펙의 정체성이 금방 드러나기 때문입니다.

선택받는 스펙에는 스토리가 있다

스펙을 쌓을 때는 남들한테 없는 것을 추가해야 합니다. 아무리 스펙이 좋아도 남들도 똑같이 가지고 있으면 변별성도 없고 가치도 떨어집니다. 예를 들어 세계 일주를 떠나는 젊은이들이 많아지고 있습니다. 그런데 이제는 자전거를 타고, 트랙터를 타고, 심지어 기어서 세계 일주를 하는 사람까지 나타났습니다. 단지 세계 일주만 해서는 희소성도 떨어지고 같은 카테고리로 묶여버리게 됩니다. 의미가 퇴색되는 것입니다. 무엇을 하건 차별성이 있어야 합니다.

스펙은 앞으로도 중요할 것입니다. 그래서 저는 직업을 떠나 자신의 명함을 만들어서 가지고 다니라고 이야기합니다. 우리는 명함이란 자신의 소속을 나타낸다고 생각하지만, 명함은 자신을 나타낼 수 있어야 합니다. 어디에 속한 누군가로 보이기보다는 나 자체로 보여야 합니다. 명함은 그 역할을 해야 합니다. 자신의 이름, SNS, 꿈 등을 적어

명함을 만들어보는 것도 좋습니다. 그리고 그 명함은 언제든 다시 만들어질 수 있습니다. 나의 스펙이 바뀔 때마다 말입니다.

나만의 독특하고 원대한 꿈도 스펙

스펙은 구체적이고 실제적인 것으로 시작합니다. 학점, 연수, 수상, 봉사, 여행 등등. 하지만 시간이 지나면 그 사람만의 독특하고 원대한 꿈도 스펙이라는 사실을 깨닫게 됩니다. 결국 스펙은 점차 추상적으로 바뀌어가게 됩니다.

얼마 전 박범신 선생께서 쓰신《힐링》이라는 책을 읽었습니다. 그분이 트위터에 쓰신 짧은 글들을 모아 엮은 책입니다. 제목처럼 힐링이 되는 가치 있는 내용이었습니다. 그분의 스펙은 무엇일까요? 그분이 써오신 책과 벌여온 활동, 문학적 소양 자체가 스펙입니다. 만약 그것이 없었다면 누가 알아줄까요? 스펙은 단지 취업을 위한 것이 아닙니다. 우리 인생 자체가 스펙입니다. 결국 좋은 인생이 좋은 스펙을 만듭니다.

이장우 박사의
life tip

"스펙을 넘어서는 '참공부'를 하라!"

공부라고 해서 다 같은 공부가 아니다. 학교 성적이나 취직을 위한 정해진 공부도 있지만, 시험의 굴레를 벗어나 하는 공부도 있다. 사실은 이것이 참공부다. 참공부는 열린 공부이고 스스로 찾아가는 공부다. 참공부를 통해서는 자신의 이정표를 따라가며 직접 부딪쳐 아이디어를 얻고 깨달음을 얻을 수 있다. 실질적이면서도 현실에 가장 가까운 공부인 것이다. 취업을 준비하는 사람이라면 들어가고 싶은 회사의 인사담당자를 만나 조언을 구하고, 사업을 하는 사람이라면 시장에서 소비자들의 행동 패턴을 관찰하고 분석한다. 이러한 참공부가 꿈을 이루게 해주고 인생을 뜻대로 살게 해준다.

이와 더불어 평범함을 거부해야 한다. 노력의 결과가 남들과 비슷해서는 경쟁력을 가질 수 없다. 작은 차이라도 뭔가 다른 특별함이 있어야 한다. 그러려면 한 번의 성공에 안주하지 말고 끊임없이 자신의 가치와 브랜드를 리뉴얼하는 노력을 지속해야 한다. 결국 공부에 목숨을 걸어야 하는 것이다. 나만의 스펙은 결코 그냥 주어지는 것이 아니다.

"이젠 더 이상 쌓을 스펙도 없는데 어떡하죠?"
할 수 있는 작은 것부터 이루어나가세요.
하나하나 해나가다 보면 길이 열릴 것입니다.

시작도 성취도
작은 것부터

오늘의 청춘들은 전 세대를 통틀어 가장 힘든 시기를 보내는 세대라고 할 수 있다. 취업난 등 사회구조적인 문제로 인한 고통에 시달리고 있는 데다, 다른 세대와 경쟁도 해야 하는 환경에 놓여 있기 때문이다. 안타깝게도 그들은 숨 쉬는 것조차 버겁다고 고백한다.

　도전보다 포기가 익숙해진 오늘의 청춘들에게 이장우 박사는 어떤 교감의 메시지를 줄 수 있을까?

어려운 시기를 보내는
당신에게

솔직히 지금의 사회는 취직하기 어렵습니다. 지금의 청춘들에게 문제가 있다기보다는 전 세계적으로 구조적 문제가 있는 것입니다. 저도 그들에게 희망의 이야기를 들려주고 싶지만, 오히려 주어진 현실을 먼저 직시하는 것이 바람직하지 않은가 생각합니다. 언젠가 한 강사가 대학생들에게 "왜 과감히 도전하지 않느냐? 우리 때는 말이야~"라며 일장 훈시를 하는 모습을 보았습니다. 그 강사도 안타까운 마음에 하는 이야기였겠지만, 시대의 흐름은 도전조차도 어렵게 하고 있습니다. 과거와 달리 저성장이 지속되고 경쟁은 넘쳐나기 때문에 지금의 어려운 상황은 좀처럼 나아질 것 같아 보이지 않습니다. 그렇다고 그저 포기한 채 있어야 하는 것은 아닙니다. 세상 탓만을 하고 있어서도 안 됩니다. 세상을 탓하는 것은 기성세대들의 몫입니다. 젊은 세대들은 움직여야 합니다. 그것이 무엇이 되었든 말이죠. 지금 사회에서는 하찮은 일이란 없습니다. 무엇이 되었든 일을 하고 있다면 충분히 인정받아 마땅합니다. 포기한 채 무기력하게 있어서는 안 되는 것입니다.

작은 것부터 성취하는 경험을

포기하고 싶지 않지만 어차피 시도해도 이루어지지 않을 것이라고 한탄하는 젊은 청춘들이 있습니다. 잘못된 생각입니다. 꿈이라는 것은 크게 꾸어야 하는 것이지만, 그 시작은 작게 해야 하는 것입니다. 작게 시작하되 지속적으로 다듬어가는 것이 꿈을 이루는 방법이고 인생을 살아가는 방법입니다. 어느 누구도 결과를 예측하고 도전하거나 시도하지는 않았습니다. 희망을 잃어버린 듯한 청춘들! 희망을 잃어서는 안 됩니다. 희망이란 앞일에 대하여 어떤 기대를 가지는 것을 의미하기도 하지만 앞으로 잘 될 수 있는 가능성을 의미하기도 합니다. 기대와 가능성은 다릅니다. 기대만을 하는 사람은 시도할 수 없지만 가능성이 있는 사람은 시도해야 합니다. 그 시작이 작더라도 말입니다. 작은 것에서부터 성취를 경험하면 더 큰 것도 성취할 수 있습니다. 의심할 수 없는 분명한 이치입니다. 마냥 포기한 채 기대하고만 있다면 아무런 일도 일어나지 않습니다.

각 회사 채용 담당자들의 말을 들어보면 지원자들의 자기소개서가 천편일률적이라고 한다. 다시 말하면 스펙을 쌓기 위해 모두가 같은 길을 가고 있는 것이다. 경쟁력을 갖기 위해서는 자기만의 특별한 소개서를 만들어야 한다. 그러기 위해서는 남들이 가지 않은 길을 가야 한다. 거기서 얻은 경험을 녹여낸 남다른 스토리로 자기소개서가 빛나게 해야 한다.

그렇다고 '큰 것'에 집착할 필요는 없다. 꿈은 크게 가지되 작은 것부터 차근차근 이루어나가면 된다.

보이는 길만 고집하는
당신에게

인생은 결코 완벽할 수 없습니다. 우리는 신이 아니니까요. 그런데도 완벽하게 살려는 사람들이 있습니다. 계획한 대로만 움직이려고 합니다. 하지만 인생은 그런 것이 아닙니다. 필연보다 우연이 많고, 예상한 것보다 생각지 못한 일들이 더 많이 일어나는 게 인생입니다. 대표적인 예가 한국 최고의 수제맥주 브랜드인 와바(WABAR)의 이효복 대표입니다. 이 대표는 우연한 기회에 일본인 사업가를 두세 번 만났습니다. 그런데 일본인 사업가는 이대표에게 깊은 인상을 받았던 모양입니다. 만남에 정성을 다하고 자신의 일에 최선을 다하는 모습에서 말입니다. 이후 한국 출장만 다녀오면 아내에게 자신을 닮은 젊은이가 한국에 있다고 좋아하며 그렇게 칭찬을 하더랍니다. 그리고 이후 일본인 사업가가 세상을 떠나게 되었고, 그의 부인은 이효복 대표에게 수십억 상당의 김치공장을 물려주었습니다. 선뜻 이해하기 힘든 이런 일이 가능한 것은 이효복 대표가 당면한 현실에 적극적으로 대응하며 미래의 가능성을 만들어갔기 때문입니다. 이것이 바로 REAL의 축복입니다.

저만 해도 그렇습니다. 지금 제가 하고 있는 일들 중에서 과거에 의도했던 것은 하나도 없습니다. 커피도, 맥주도, 치즈도 우연히 배우게 되었습니다. 토크 시리즈도 우연히 시작된 것입니다.

중요한 것은 그 우연을 자신의 인연으로 만들어야 하는 것입니다. 우연히 시작된 토크 시리즈는 모두 처음부터 거대하게 시작하지는 않았습니다. 아무도 제가 커피나 치즈, 맥주에 대해 공부하고 있다는 것을 몰랐기에 저는 이를 알려야 했습니다. 제가 직접 이야기를 하고 다녔지요. 우연이라는 것이 단순히 운에 의지하는 것은 아닙니다. 그 기회를 놓치지 않고 발전시켜야 합니다.

서론을 넘어 본론으로, 결론까지

지금 관심이 있는 분야가 있나요? 혹시 커피에 관심이 있나요? 그러면 이것저것 재는 서론에 머물지 말고, 시도하고 본론으로 들어가세요. 지금 당장 커피에 관한 책들을 사서 읽고, 전문가를 만나고, 직접 만들어보는 겁니다. 이렇게 해보지 않고 조건과 형식에 매달리다 보면 결국 아무것도 이룰 수 없습니다.

일단 시작했으면 끝까지 해보세요. 중도에 포기하지 말고 인내심을 가지고 깊게 파고들어야 합니다. 여기에는 인내도 필요하고 지속성도 필요합니다. 저는 브랜드마케팅 하나만 30년을 넘게 했습니다. 지금도 활동하면서 계속 공부하고 있고, 앞으로도 그럴 것입니다.

인생이 보이기 시작할 때는
언제인가

젊은이들은 그럴듯해 보이는 외형에 현혹되는 경향이 있습니다. 저를 보고도 퍼스널브랜드인 'Idea Doctor 이장우 박사'가 멋있어 보인다고 말하며 자신도 이와 같은 멋진 브랜드를 가지고 싶어합니다. 하지만 그것은 외양적인 껍질만 본 것입니다. 저의 퍼스널브랜드가 인정받을 수 있었던 데에는 줄기차게 본질에 집중해온 노력이 있었습니다.

스스로 퍼스널브랜드를 이야기하고 다닌다고 해서 사람들이 기억하고 인정해주는 것은 아닙니다. 본질이 없다면 퍼스널브랜드는 아무런 소용이 없는 것입니다. 아이디어닥터이기에 새로운 아이디어를 찾아내고 만들어내며 지속적으로 저의 본질을 키워왔습니다. 저의 성공에 관심을 가진다면 이런 본질에 초점을 두어야 합니다. 본질이 없다면 그저 빈 껍데기일 뿐입니다.

경험하면 보인다

자기계발을 한다고 하면서 그저 자기계발 입문서만 읽는 이들이 있습니다. 아예 읽지 않는 것보다는 낫다고 할 수 있지만, 책을 읽는 것에 그쳐서는 인생에 별 도움이 안 됩니다. 앞에서도 이야기했지만 책을 읽은 다음에는 계속해서 파고들어 직접경험을 축적해나가야 합니다.

자기계발 책을 읽는 것보다는 자신을 위한 여행을 떠나는 사람이 더 현명한 것입니다.

본질이라는 것은 알고 있을 때 얻어지는 것이 아니라 직접 경험했을 때 얻어집니다. 본질을 위해서는 당면한 현실이 어려워도 조금씩 준비해나가야 합니다. 수입이 적더라도 비용을 마련하여 자신의 본질을 채워나가는 데 투자해야 합니다. 고되지만 그런 노력 속에서 인생의 참맛을 알 수 있고 더 나은 인생을 기약할 수 있습니다.

흔히들 인생은 바닥에서부터 시작된다고 이야기합니다. 저도 동의하는 바입니다. 바닥을 경험해야 비로소 인생이 보이기 시작하기 때문입니다. 무엇이든 경험하는 것이 중요합니다.

인생의 꿈을 이루는 길은 하나가 아닙니다. 그 길이 곧바로 가는 길일 수도 있고, 돌아서 가는 길일 수도 있습니다. 같은 길을 걷더라도 누군가는 빠르게, 또는 느리게 가기도 합니다. 여러 길 중에서 최선을 선택하는 사람도 있고, 차선을 선택하는 사람이 있기도 합니다. 분명 수많은 형태의 다양한 길이 존재함에도 불구하고 대부분의 사람들은 정도(straight)로만 가려고 합니다. 하지만 성공을 위해서는 자기에게 맞는 길을 택할 줄 알아야 합니다. 그리고 자신이 택한 길이 힘들더라도 금세 포기하기보다는 노력하는 시간을 가질 수도 있어야 합니다. 가장 중요한 것은 직접 부딪치면서 나아갈 때 꿈이 현실에 가까워진다는 사실입니다.

본질에 집중하는 사람이 꿈을 이룬다. 그리고 몸소 경험해서 깨우치는 사람이 인생의 마라톤에서 승자가 될 수 있다. 이루고 싶은 꿈이 있는가? 하고 싶은 것이 있는가? 그렇다면 지금 당장 그것을 경험할 수 있는 곳으로 가라. REAL한 삶을 위해.

이장우 박사의
life tip

'세상에서 가장 아름다운 말'

아프리카 속담에 '빨리 가려면 혼자 가고, 멀리 가려면 함께 가라'는 말이 있다. 사막도 많고 정글도 있는 아프리카에서는 멀리 가려면 열악한 환경과 무서운 짐승들 속에서 함께 도움을 주고받으며 생존할 수 있는 길동무가 필요했기에 생긴 말이다. 즉, 어려운 환경일수록 사람들과 함께하는 것이 큰 힘이 된다는 것이다. 나도 힘을 얻고자 많은 사람들과 인생을 동행하고자 한다. 이를 위해 매일같이 SNS로 소통한다. 때로는 지식 기부, 무료 강연, 토크 시리즈를 통해 직접 사람들을 만나며 그 만남과 인연을 이어가고 있다. 이렇게 사람들과 함께하는 시간을 만들어가는 것은 공유와 공감을 이루고자 함이다. 누구에게나 자신만의 장점과 지혜라는 본질이 있기 마련이다. 나에게는 새롭게 배우며 얻게 된 다양한 지식과 정보들이 있다. 그리고 나는 이를 사람들과 나누고 싶다. 그 나눔의 크기는 중요하지 않다. 나눔 자체가 사람을 변화시키고 세상을 더 살기 좋게 만든다. 그리고 그 나눔으로 나의 REAL이 더 풍성해지고, 누군가의 REAL이 꽃을 피우고 열매를 맺는 데 밑거름이 되기를 희망한다.

행운은 경험한 자에게 미소 짓는다

요즘 젊은이들은 인내심도 약하고 쉬운 일만 하려고 한다며 취업난도 젊은이들이 문제라고 말하는 이들이 있습니다. 하지만 이는 현실을 전혀 모르는 사람의 훈계에 불과합니다.

지금은 인재들이 넘쳐나는 공급 과잉의 시대입니다. 스펙이나 능력의 차이도 크지 않습니다. 좁은 취업문을 통과하는 사람과 그렇지 못한 사람 사이에는 간발의 차이가 있을 뿐입니다. 최선을 다해도 기회를 잡지 못하는 젊은이들을 보면 안타깝고 미안한 마음이 듭니다. 조언을 해주기도 조심스럽습니다.

모두를 힘들게 하는 이러한 현실은 우리 사회의 구조적 문제에서 기인합니다. 하지만 구조적 문제는 단기간에 해결하기 어렵습니다. 그렇다면 어떻게 살아야 할까요?

먼저, 혹독한 현실에 뛰어들어 스스로 돈을 벌어볼 것을 권합니다.

세상살이는 결코 만만치 않습니다. 이것부터 제대로 인식해야 합니다. 그래야 인생이 보입니다. 자신이 진정으로 무엇을 찾아야 하고, 무엇을 할 수 있는지를 깨달을 수 있습니다. 돈을 벌어보아야 가능한 일입니다. 이 같은 현실 경험을 통해 자신의 진짜 꿈을 확인할 수 있고, 구체적인 미래를 설계할 수 있습니다.

다음으로, 꿈을 향한 출발은 작아도 좋습니다. 가볍게 시작하라는 말입니다. 하루에 영어 단어 10개 외우기처럼 말이지요. 작은 것을 이루면 큰 것을 이룰 수 있습니다. 어린 대나무를 넘다 보면 다 자란 대나무도 넘을 수 있는 것과 똑같은 원리입니다.

이와 동시에 '10%의 룰'을 실천해야 합니다. 10%의 룰은 자신의 생각, 시간, 돈의 10%를 미래를 위해 투자하는 것입니다. 여기서 10%는 최소 비율입니다. 20%를 투자하면 더 좋은 것은 당연합니다. 하지만 대부분의 사람들은 현실에 99%를 투자합니다. 그런다고 현실이 잘 풀릴까요? 아닙니다. 오히려 좋지 않은 방향으로 흘러갑니다. 미래가 없기 때문입니다. 현실에 얽매여 미래가 사라지는 순간 우리는 계속해서 정체된 삶을 살거나 길을 찾지 못하고 방황하게 됩니다.

마지막으로, 인생이란 비선형적이며 우연적이라는 사실을 꼭 기억했으면 합니다. 그 속에서 희망과 행운이 찾아오기도 합니다. 하지만 누구에게나 찾아오는 것은 아닙니다. 현실을 경험하고 10%의 룰을 실천할 때 우연한 행운도 찾아오는 것입니다. REAL은 특별히 새롭거나 대단한 것이 아닙니다. 하루하루 진솔하게 살면서 경험하고 10%를 미래에 투자해보는 겁니다. 그러면 어느 순간 축복과도 같은 행운을 만날 수 있습니다.

'인생에서 행운은 3번 찾아온다'는 말이 있습니다. 하지만 저는 행운은 무한대라고 말합니다. 하지만 그것은 REAL하게 사는 사람만이 누릴 수 있습니다.